定年前後のお金の正解

知らないと大損する!

会社も役所も教えてくれない
手取りを増やす45のコツ

板倉京
シニアマネーコンサルタント
税理士・IFA

ダイヤモンド社

知らないと大損する！　定年前後のお金の正解

はじめに――定年前後の決断が「老後のお金」に直結する！

サラリーマンなら誰でも迎える定年退職の日。

定年は人生の分岐点であり、退職をきっかけに、この先「どう働くか」や「お金」について考えはじめる人も多いと思います。特に、退職前と後では収入が違ってきますから、「退職後のお金のことが気になる」という人は多いようです。

私は、税理士として相続や資産運用のアドバイスなど、日々、50～60代の定年世代のお客様と多く接しています。また、私自身も50代になり、同世代の友人・知人からも、定年後の仕事やお金についての相談を受けることが増えてきました。

そんな中でよく聞くのが「もっと早くお金のことを勉強しておけばよかった」ということ。

「税金も保険も退職金の運用も、わからないままにしてきたけれど、板倉さんの話を聞いて『随分もったいないことをしてきたな』と後悔しています」といわれることもあります。

私が相談業務の中で感じるのは、**サラリーマン・仕事人として優秀な人でも「お金のことはよく知らない」人がとても多い**ということです。サラリーマンであれば、税金や社会保険などの手続きは、会社がやってくれます。忙しい人ほど、自分が税金や社会保険料をいくら支払っているのかさえ知らないままに、「会社がやってくれるからいいや」と、過ごされてきたのだろうと思います。正直、「こんなに仕事ができる人がこんなことも知らないのか！」と驚くことも多々ありました。

定年後はすべて自分で決めなければならない

しかし、会社を退職することになった時から、今まで会社に任せていたことも含めて、様々なことを自分で決めていくことになります。退職金の受け取り方に始まり、どこでどう働くのか、社会保険はどうするか、失業手当は、年金は……などなど……今まで考えたこともないような、まったく未知のことを「自分の判断で決めてください」といわれ、「どう決めればいいいのかわからない」と途方に暮れる方も多いのです。

退職金ひとつとっても、受け取り方次第で手取り金額は変わってきます。定年後の働き方も再雇用・転職・起業など様々な選択肢がありますし、それによって、社会保険や年金・失業手当などの扱いも変わってきます。これもすべて自分で決めなければいけないのです。

○「知らなくて損をした……」を、避けるために

常々思うのですが、**税金や年金・社会保険・失業手当などの制度は、知らない人が損をする仕組み**になっています。実は、トクになる制度はあるのだけれど、その制度があること自体を、役所が大声でアナウンスしてくれることはほとんどありません。

もちろん、隠しているわけでもありませんから、役所に聞きに行けば制度の詳細や手続きなどについては、教えてくれます。でも、**「役所にいってみたけど、何をどう聞けばいいのかさえわからなかった」**という方も少なくありません。ましてや、**「結局どうすれば一番トクなのか？」「何が自分にとっての正解なのか」**を聞き出すことは、至難の業です。

本書は、そんな「知らなくて損をした」という定年前後の後悔を、少しでもなくすことができれば、という思いで執筆した本です。

定年前後のお金の手続きについて、詳細に書かれた本はすでに多くありますが、複雑すぎて、「結局、自分の場合はどうすればいいのか、の判断ポイントがわからない」という声をよく耳にしました。

本書は、その声をふまえて、定年前後に、自分で決めなくてはならない事項について、**「知っておくべきこと」「どうすればいいのかを決めるための判断ポイント」「金銭的な損得の目安」**などをなるべくわかりやすく、簡潔に解説することにこだわりました。

定年前後のお客様たちと接してきた中で見えてきた、「はまりがちな落とし穴」「ちょっとした工夫でできるコスパの大きな裏ワザ」などを紹介しています。**すべて実行すれば、総額で一千万円以上「手取り」を増やせる人もいる**と思います。

本書が、ひとりでも多くの定年前後世代の方々にとって、老後の「働き方」や「お金」について後悔のない選択をされるのに役立つよう、心より祈っております。

目次

第1章 「退職金」の手取りを最大化！

第2章 「年金」で絶対損しない！

第3章 働き損にならない「働き方」

第4章 「独立」するなら徹底節税！

第5章 「住まい」のお金を最小化

第6章 「病気」と「介護」に万全の備えを

第7章 「遺産相続」は最大の落とし穴

＊本書の税金の計算では復興特別所得税は加味していません。健康保険料などの具体的な数字については、基本的に協会けんぽ（東京都）を参考にしています。なお、本書の情報は2020年10月現在の制度に基づいています。

第1章

「退職金」の手取りを最大化！

退職金は、定年間際からでも「手取り」を増やせる！

退職金は、多くのサラリーマンにとって、一度にもらえるお金としては人生最大の収入といっても過言ではないでしょう。老後の生活を支える大切な資金源でもありますから、なんとか多くを手に入れたいところです。

「定年間際で、退職金を今さら増やすなんて無理でしょ」と思うかもしれませんが、退職金の手取りは**ちょっとした工夫で、数十万〜数百万円単位で変えることができます。**

退職金の手取りを増やすコツは「税金を低く抑えること」。ポイントは、「もらい方」と「非課税枠のフル活用」です。

○退職金は税金が超優遇されている！　社会保険料もかからない

退職金を一括で受け取った場合には、「退職所得控除」という大きな非課税枠が用意されて

います。この非課税枠は勤続年数が長いほど多くなります。仮に勤続35年の場合の非課税枠は1850万円。ここまでは退職金をもらっても税金はかかりません。また、非課税枠を超えたとしても、超過分の半分だけが課税対象です。

ちなみに1850万円を給料でもらったら、400万円程度の税金と280万円程度の社会保険料が取られてしまいます。社会保険料も税金に負けず劣らず大きな負担です。

でも、一括でもらう退職金なら社会保険料もかかりません。

退職金は、年金形式でもらう方法もあります。

いわゆる企業年金です。名前が似ているので、「公的年金」とごちゃごちゃになっている人も多いようですが、これは会社が積み立てた退職金を年金形式でもらうもの。

年金形式でもらう場合には、税金や社会保険料の優遇はありませんが、一括受け取りとの組み合わせ方や、もらう時期をずらすなどのちょっとした工夫で税金を抑えることも可能です。

また、もらった後の、退職金の管理や運用も手取りを増やすためには重要です。

この章では、退職金の手取りを最大化するためのワザを紹介します。できるものは実践して退職金を1円でも多く手に入れましょう！

POINT

01

「割増退職金で早期退職をしていいか?」は、こう考える!

「今、辞めていいのか?」が5分でわかる試算法

面倒くさい「ライフプランシート」は、
作らなくても大丈夫!

「早期退職」後、自分がいくら稼げるかは、
最悪のシナリオを想定。

必要な生活費は、
「65歳まで」と「65歳以降」に分けて試算。

割増退職金を出して早期退職者を募集する企業が増えています。

会社に残っても先は見えているし、早期退職したほうがトクなのか、それとも、安定を優先してこのまま会社に残ったほうがいいのかと悩む人もいるでしょう。

また、60歳で定年を迎える時も、このまま今の会社に雇用延長で残るのか、辞めて、新しい世界に踏み出すのかを迷う人もいると思います。

早期退職するか否か、定年後どう働くかを決めるためには、最悪のシナリオを想定し、その場合のリスクを受け入れられるかどうかを確認することが必要です。

○早期退職で「勝ち組」に見えても逆転することも

先日、友人であるAさん（53歳）が「早期退職」しました。その条件は、「年収の2年分を退職金に上乗せする」というもので、退職金はなんと4000万円。さらに、彼は、元銀行マンという経歴を活かして、スタートアップ企業の顧問の仕事（年収800万円）に就くことになりました。「まさに勝ち組！」と思っていた矢先、新しい勤め先から、「経済状況の悪化で業績が苦しくなり、お願いする仕事がなくなってしまいました」と連絡があったのです。

Aさんはこれから仕事を探さなければいけませんが、現実問題、年齢も決して若くなく、経済不況の中、転職活動は難航しています。

Ａさんは、辞めてはいけなかった？

「会社に残りたくない」「次にやりたいことがある」という気持ちがあっても、**早期退職を選択する時は、最悪のシナリオを想定しつつ、今辞めるとどの程度のリスクがあるのかを見極めたうえで、慎重に検討**すべきです。

Ａさんの場合で見てみましょう。左の表を見てください。Ａさんの預貯金は１５００万円程度でした。退職金は税引き後の手取りが約３６００万円。将来、親からの相続で１０００万円程度もらえそうなので、今、確実に用意できるだろうと思われるお金は、合計の６１００万円です。

一方、今後必要なお金を、65歳まで（年金をもらうまでの現役時代）と、年金をもらい始めるいわゆる老後以降に分けて計算します。老後に必要な生活費は現役時代の7割程度といわれています。ちなみに、Ａさんには大学生の子どもがいて、学費もまだかかるし、住宅ローンも

「今、辞めていいのか？」の試算法（Aさんの場合）

確実に用意できるお金

・退職金　4000万円（手取り約3600万円）
・預貯金　1500万円
・相続予定額　1000万円

＊確実に用意できるお金は　合計　6100万円　①

今後必要になるお金

＜(今)退職時～65歳(年金をもらうまで)＞……12年

・生活費　35万円×12か月×12年＝5040万円
・住宅ローン(65歳完済)　1000万円
・子どもの学費(大学3・4年分)　200万円

合計　6240万円　②

＜65～90歳(年金をもらってから)＞……25年

・生活費(現役時代の7割程度と言われている)
　(25万円－20万円)×12か月×25年＝1500万円
　(＊年金が月20万円と想定)
・不測の事態に備え　年60万円
　60万円×25年＝1500万円
・娯楽費　年60万円　60万円×25年＝1500万円

合計　4500万円　③

＊必要なお金は②＋③＝約1億740万円　④

結論：65歳までに
稼ぐべきお金は……
④－①＝4640万円

今、辞めて65歳
までに4640万円
稼げそうか
考えよう！

1000万円程残っています。生活費以外の娯楽費用や医療費などの不測の事態に備える費用もざっくり加味すると、必要な金額は約1億740万円。足りない金額は、なんと4640万円という結果になりました。65歳まで働くとすると、あと12年で4640万円。会社に勤めていたら、稼げていた金額ですが、無職の今聞くとなんとも大きな額に感じられます。「早期退職」は、こういったリスクを把握して決めるべきなのです。

今、会社を辞めていいのかを5分でざっくり判定！

p21に空欄の試算表を載せましたので、Aさんの例を参考に記入してみてください。**この試算表は早期退職に限らず、60歳で退職後どうすべきか迷っている方にも使えます。**

まず「確実に用意できるとわかっているお金」を書き出します。次に、「65歳で年金をもらい始めるまでに必要な資金」と「65歳以降年金をもらい始めてから死ぬまでに必要な資金」を計算し比較して、不足分を把握します。こうすると、ざっくりと、現在から65歳までに稼ぐ必要のあるお金が見えてきます。

④―①（稼ぐ必要のある金額）がすでにゼロ以下なら、早期退職をしても生活に困ることはなさそうだということ。そうでなければ、その不足分をどう作るのかを考えましょう。

計算してみましょう！　「今、辞めていいのか？」の試算法

確実に用意できるお金

・退職金　＿＿＿＿円（手取り＿＿＿＿円）
・預貯金　＿＿＿＿円
・相続予定額　＿＿＿＿円

＊確実に用意できるお金は　合計　＿＿＿＿円　①

今後必要になるお金

これから65歳までに必要なお金をおおざっぱに計算しましょう

＜(今)退職時～65歳(年金をもらうまで)**＞**……＿年
・生活費　＿＿円×12か月×＿年＝＿＿＿＿円
・住宅ローン　＿＿＿＿円
・子どもの学費　＿＿＿＿円
・その他（　　　　）　＿＿＿＿円

合計　＿＿＿＿円　②

＜65～90歳(年金をもらってから)＞……＿年

年金で補えない生活費を計算します

・生活費（現役時代の7割程度と言われている）
(＿＿円－＿＊＿円)×12か月×＿年＝＿＿＿＿円
(＊年金の月額)
・不測の事態に備え　年＿＿円
＿＿円×＿年＝＿＿＿＿円

生活費以外に、見込んでおきたいお金を計算します

・娯楽費　年＿＿円　＿＿円×＿年＝＿＿＿＿円
・その他　年＿＿円　＿＿円×＿年＝＿＿＿＿円

合計　＿＿＿＿円　③

＊必要なお金は②＋③＝　＿＿＿＿＿円　④

結論：65歳までに
稼ぐべきお金は……
④－①＝＿＿＿＿円

今、辞めて65歳までに＿＿＿＿円稼げそうか考えよう！

POINT

02

退職日が1日違うだけで、退職金の手取りが約20万円も違う!?

「勤続年数」の数え方の落とし穴

退職金の非課税枠は「勤続年数」によって変わる。

「勤続年数」が1年増えると、非課税枠が最大70万円増える。

「勤続年数」は端数切り上げ。
「まる1年＋1日」なら2年と換算される!

勤続年数で退職所得控除は違う！

勤続年数	20年以下の人	20年超の人
退職所得控除額	40万円 × 勤続年数	40万円 ×20年＋ 70万円 ×（勤続年数－20年）

＊勤続年数1年未満の端数は切り上げ。最低金額80万円

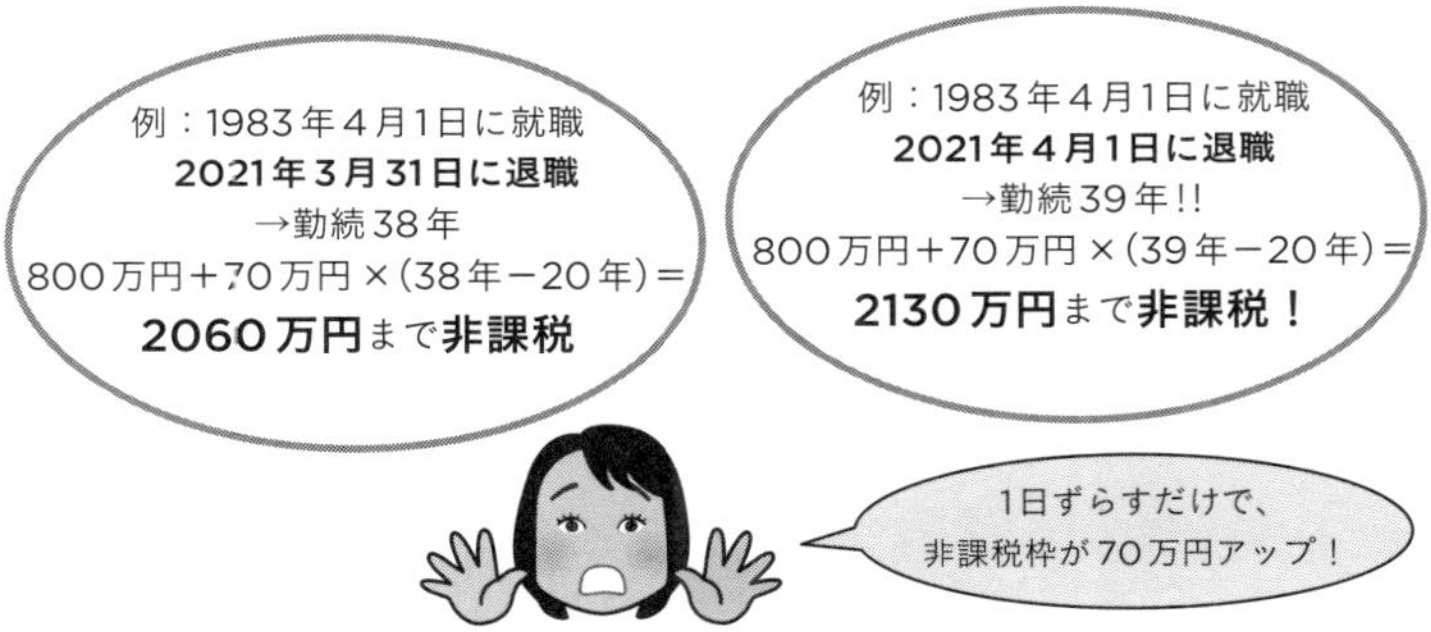
例：1983年4月1日に就職
2021年3月31日に退職
→勤続38年
800万円＋70万円 ×（38年－20年）＝
2060万円まで**非課税**
例：1983年4月1日に就職
2021年4月1日に退職
→勤続39年!!
800万円＋70万円 ×（39年－20年）＝
2130万円まで**非課税！**
1日ずらすだけで、
非課税枠が70万円アップ！

会社の規定などで退職日が決まっている場合は仕方ないとして、自分で退職日を選べるなら、ちょっとした工夫で退職金の手取りを増やせる可能性があります。

p14でお伝えした通り一時金でもらう退職金には、「退職所得控除」という非課税枠があり、この額は「勤続年数」が長い程多くなります（表参照）。非課税枠が大きければ税金は少なくなるわけですから**退職金の手取りを増やすためには、「退職所得控除」を最大限活用するのがポイント**。つまり退職日をずらすことで勤続年数を増やし「退職所得控除」を増やすことができれば退職金の手取りを増やせるというわけです。

○「勤続年数」は1日でも1年のカウントになる！

「勤続年数」の数え方は端数切り上げです。**つまり、「まる1年と1日」勤めた人の勤続年数は「2年」とカウントされる**のです。

仮に、4月1日入社の人が、3月31日に退職した場合と、4月1日に退職した場合とでは退職日は1日しか変わらなくても、勤続年数が1年違うことになるのです。

勤続年数が1年増えると、非課税枠は70万円（勤続年数が20年以下の場合は40万円）増えます。

退職金は、非課税枠を超えた部分の半分が課税対象になるので、非課税枠が70万円増えるということは、課税対象となる金額は70万円の半分の35万円減るということになります。

所得税の税率は5〜45％、住民税の税率は10％ですから、**35万円課税対象が減るということは、約5万〜20万円ほど税金が少なくなるということ。**その分手取りが増えるわけです。

退職日が少し違うだけで、こんなに手取りが変わるなら、確認しない手はありません。勤続年数を増やせる可能性がないか、**是非チェックしてみてください。**

勤続年数の違いによる退職金にかかる税金の差

（退職金の金額－退職所得控除額）×1／2＝課税対象金額

退職所得控除を引いた
金額の2分の1しか
課税対象にならない！

1年勤続年数が
違うだけで……

→退職所得控除が70万円アップ
→課税対象が
70万円×1／2＝35万円少なくなる

（仮に所得税率45％、住民税率10％の場合）

→19万2500円
税金が減る！

あなたの勤続年数は？

入社日＿＿年＿＿月＿＿日

退職日＿＿年＿＿月＿＿日

↓

勤続
＿＿年と＿＿日
↓
つまり勤続年数は
＿＿年！

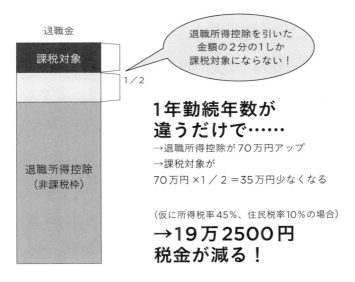

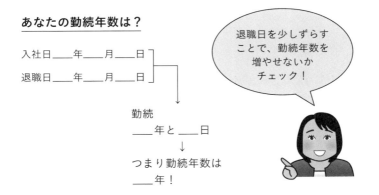

POINT 03

退職金のもらい方「一時金」か「年金型」か、どっちがおトク？

退職金の総額が「退職所得控除」内に
収まれば、迷わず一時金で

- 会社によっては、退職金を「一時金」でもらうか「年金型」でもらうかを選択できる。
- 「年金型」は社会保険料や税金の負担が増えるし、将来の医療費負担が増える可能性も。
- 「年金型」でも税金ゼロで受け取れる方法もある!

退職金の受取方法を、「一時金」か「年金型」かで選べる場合「どう受け取るのが一番おトクか」を知りたいというご相談はとても多いです。

○退職金は一時金でもらうのがおトク

「年金型」の場合、支払いまでの間会社が運用してくれるので、「一時金」よりも利息がつく分退職金が増えるから、と年金型を好む人がいます。その気持ち、わからなくもありませんが、退職金の手取りを最大化する第一のポイントは「税金を低く抑えること」です。退職金の税金は、一時金でもらうほうが断然おトクです。

p23でも説明したように退職金は「一時金」でもらうと、「退職所得控除」という勤続年数に応じた非課税枠があります。この非課税枠の範囲に収まる退職金であれば税金は1円もかかりません。非課税枠を超えた部分も、その半分にだけしか税金がかからないので退職金は一時金のほうが税金が安くなるというわけです。しかも、**一時金でもらう退職金には社会保険料もかかりません。**

一方、「年金型」で受け取ると、**老齢厚生年金などの公的年金収入とあわせて、税金を計算することになります。**年金の税金には、「公的年金等控除額」という非課税枠もありますが、一時金の「退職所得控除」と比べると額は少なめですし、それを超えた部分がそのまま課税所得となるので、税金負担はどうしても大きくなりがちです。しかも、年金型でもらうと国民健康保険料の計算にも影響してくるので、国保や介護保険料の負担も大きくなります。その上、年金収入が多いと、医療費や介護費用の負担割合も高くなるといったデメリットがあります。

年金や社会保険料は、制度自体が疲弊していて将来「改悪」されていく可能性は高く、**年収が高い老人の負担は、ますます増えることが予想されます。**そういったリスクも加味すると、退職金は基本的には一時金でもらっておいたほうがいいと思います。

○「年金型」の受け取りでも非課税にできる可能性がある

今まで言ってきたこととちょっと裏腹ですが、一定の条件を満たしている人は、年金型の退職金を300万円まで非課税で受け取れる可能性があります。

ただし、これを使えるのは、**60歳から受け取り開始をする「5年確定年金」が選べる場合に限ります。**限られた人ではありますが、退職所得控除以上の退職金をもらっていて、これに該当する人は是非利用していただきたい裏ワザなので、紹介させてください。

前述したように退職金を年金型でもらう場合は、「公的年金等控除額」という非課税枠があり、65歳未満の場合は、年間60万円までの年金なら非課税です。

公的年金を65歳以降にもらう人は、60～65歳になるまで、この非課税枠を利用していないので、**この枠の範囲内であれば、退職金を年金型で受け取っても、税金がかからない**のです。非課税枠をフルに使えば、60万円×5年間＝300万円までは、年金型にしても非課税で受け取れるというわけです。

退職金を年金型で受け取ると、国民健康保険の保険料に反映すると言いましたが、60歳以降も会社に勤めて会社の健康保険に加入している人であれば、年金を受け取っても保険料が高くなる心配はありません。

退職金が高額で、退職所得控除よりも2000万円以上多いような場合は、一部を年金受け取りにしたほうが有利なケースもありますので税理士などに相談してみてください。

POINT

04

退職金と確定拠出型年金を同時にもらうと30万円の損!?

65歳退職の場合は、
先に確定拠出型年金をもらうとさらにおトク

退職金制度に「確定拠出型年金」がある人は
手取りを増やすチャンス!

「確定拠出型年金」と退職金は
違う年にもらうのが正解。

「確定拠出型年金」をもらった年から4年超空けて
退職金をもらうとさらにおトク。

退職金制度のいろいろ

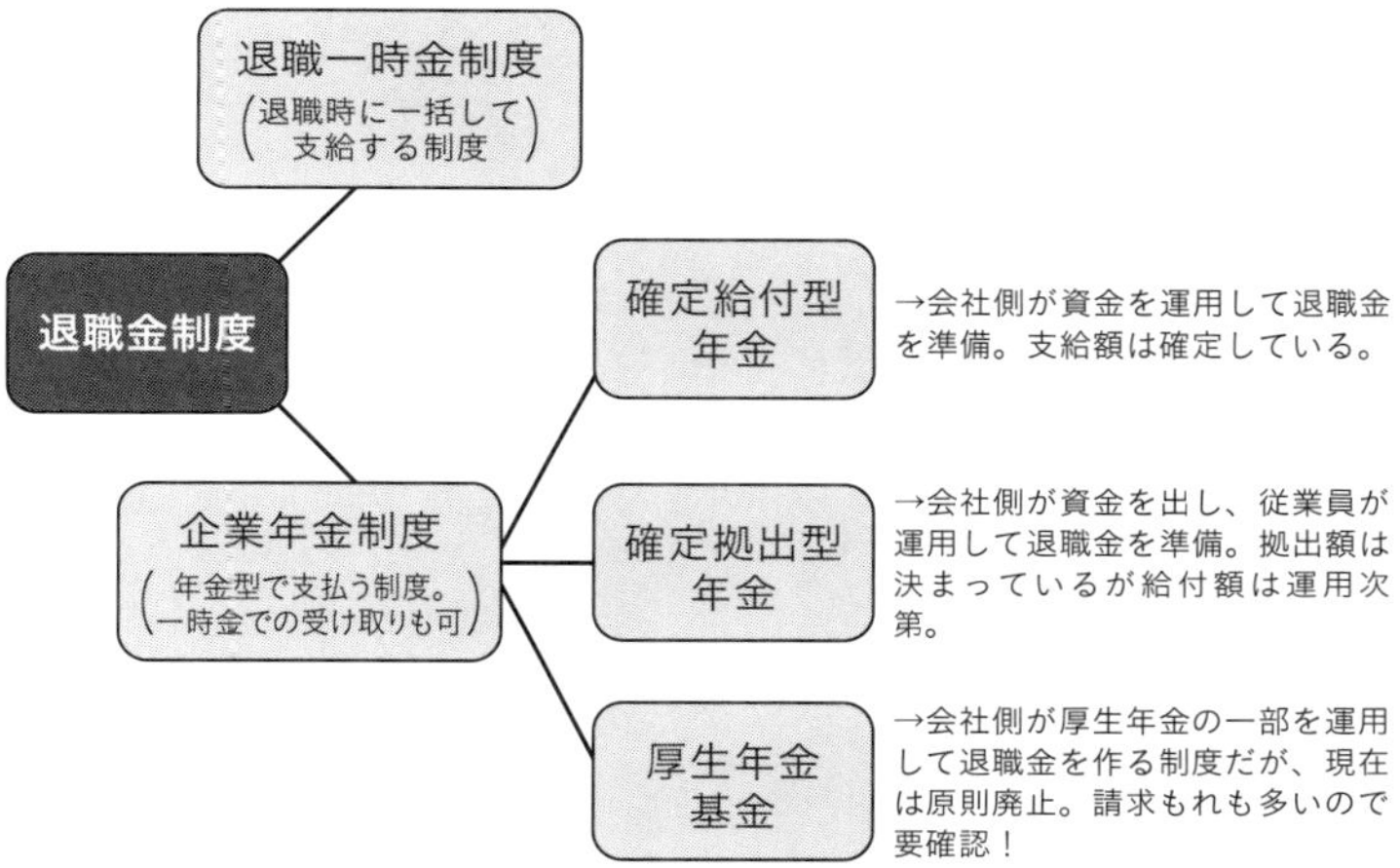

あなたは、会社の退職金制度についてちゃんと理解していますか？　もし会社の退職金制度に「確定拠出型年金」があった場合、節税のチャンスです。

退職金の制度は、「退職一時金制度」と「企業年金制度」の2つに分けることができ、**「企業年金制度」はさらに3つに分けられます。**

退職時にまとまったお金をもらう「退職一時金制度」がいわゆる「退職金」のイメージだと思いますが、現在は、「企業年金制度」だけのところや、「一時金制度」と「企業年金制度」の両方を採用している会社も多くあります。「企業年金制度」といっても、一時金で受け取る選択もできます。

ところで、企業年金制度の「確定給付型」と「確定拠出型」の違い、ご存じでしょうか？

「確定給付型」は会社側が資金を運用して退職金を準備する制度です。運用がうまくいかなかった場合でも、約束した額の退職金は支払われます。

一方**「確定拠出型」は、会社側が掛金は出しますが、運用は従業員自身が行います。**運用がうまくいけば退職金は増え、失敗すると減ります。

会社側が運用した「退職金」（普通の退職金や確定給付型年金）は、「一時金」として受け取るか「年金型」で受け取るかは選べますが、基本的には「一時金」の受け取り時期を変えることはできません。

それに対して従業員が運用していた**「確定拠出型年金」の退職金は、基本60歳以降70歳までの間で好きな時に受け取る**ことができます（２０２２年４月からは75歳までに引き上げ予定）。

一時金の退職金に加えて、「確定拠出型年金」の退職金もある場合、これをいつどのように受け取るかによって、退職金にかかる税金が大きく変わってきます。

○「確定拠出型年金」の退職金は、退職した翌年以降にもらうと30万円以上トク

確定拠出型年金は、退職一時金をもらった年以降に受け取るとおトクです。具体例で見てみ

退職一時金と確定拠出型年金
一緒にもらうか、ずらしてもらうか？

Aさん（勤続年数38年
＝退職所得控除2060万円）

＜退職金の額＞
・退職一時金2500万円
・確定拠出型年金650万円（拠出年数18年）

合計3150万円

60歳で両方一緒にもらう場合

（3150万円－2060万円）×1／2＝545万円…課税対象額

545万円×20％－42万7500円＝66万2500円（所得税額）

・所得税額は66万2500円！

60歳と61歳などずらしてもらう場合

・退職した年…一時金に対し、勤続年数の退職所得控除を使う

（2500万円－2060万円）×1／2＝220万円…課税対象額

220万円×10％－9万7500円＝12万2500円（退職した年の所得税額①）

・確定拠出型年金を受け取る年（退職所得控除なし）

650万円×1／2＝325万円…課税対象額

325万円×10％－9万7500円＝22万7500円
（確定拠出型年金を受け取る年の所得税②）

①＋②＝35万円（総所得税額）

・合計所得税額は35万円！

＊所得税額はp55の速算表から計算しています

**ずらして
もらったほうが
約30万円も税金が
おトク！**

ましょう。

まとめてもらう場合の所得税が66万2500円なのに対し、もらう年を分けた場合の所得税は35万円に下がります！　受け取る年をずらすことでそれぞれに低い税率が適用され、結果として「同じ年に受け取る」よりも税額が小さくなるというわけです。

「確定拠出型年金」は運用によって、受取金額も変わりますので、損が出ている時は、受け取らず運用を延長することもできます。

ただし、一時金と確定拠出型年金の合計額が、退職所得控除額よりも低い場合は、まとめてもらっても税金はかかりませんから、分けてもらう必要はありません。

○ 65歳以降に退職する人は、「確定拠出型年金」を先にもらえばさらにおトク

ちょっと難しい話なので、詳細な説明は割愛しますが、退職一時金と確定拠出型年金は受け取る期間が4年超空いていた場合は、退職金を受け取った時と確定拠出型年金を受け取った時の両方に「退職所得控除」を使うことができるので、税金が断然安くなります。確定拠出型年金の「退職所得控除」は掛金を拠出した年数で計算します。

図を参照してください。先ほどと同じ条件で比べてみても、この方法のほうが税金が断然安

確定拠出型年金を60歳、退職一時金を65歳で受け取ると

＜退職金の額＞
・退職一時金2500万円
・確定拠出型年金650万円（拠出年数18年…退職所得控除720万円）

Aさん（勤続年数38年＝退職所得控除2060万円）

合計3150万円

60歳で確定拠出型年金650万円をもらう（退職所得控除額720万円）

650万円－720万円≦0　⇒税金ゼロ！

65歳で退職一時金を受け取る（退職所得控除2060万円）

（2500万円－2060万円）×1／2＝220万円…課税対象額
220万円×10％－9万7500円＝12万2500円

・合計所得税額は12万2500円！

p33ともらう総額が変わらないのに税金が12万円まで圧縮！

くなります。

　65歳で定年退職する人であれば、60歳で「確定拠出型年金」を受け取り、65歳で「退職金」を受け取れば、OKです。

　この場合、**気を付けるのは先に「確定拠出型年金」を受け取ること**です。先に退職金をもらった場合でも、14年超間を空ければ両方に「退職所得控除」を受けることができますが、14年も間を空けるというのは長すぎて、あまり現実的ではないかな、と思います。

POINT

05

退職翌年の「確定申告」で数十万円以上の税金が戻る?

負担となりがちな翌年の
「住民税」も安くなる可能性あり

「退職金」は基本的には
確定申告不要といわれるが……。

「退職所得の受給に関する申告書」を未提出なら、
必ず確定申告を!

12月以外に退職した場合も、必ず確定申告する。

退職金は、基本的には確定申告は不要です。会社に「退職所得の受給に関する申告書」という書類を提出していれば、会社が退職所得控除を適用し、所得税と住民税を引いて、退職金を支給してくれるからです。ただし、「退職所得の受給に関する申告書」を提出し忘れると、退職所得控除を適用してもらえず、退職金に20％をかけた高い税金がとられてしまいます。

高い税金がとられている場合は、**退職金の支払い調書を見れば、勤続年数や退職所得控除の額が記載されていないのでわかります**。申告書を会社に提出した記憶がないという人はチェックしてみてください。万一、税金を払いすぎていても、翌年、確定申告することで、払いすぎた税金は戻ってきますので安心してください（確定申告についてはp222を参照）。

それ以外にも次の頁の表にあるような場合は確定申告をすることで税金が返ってくることがあります。②の「年度途中」というのは、12月末以外のことです。**12月末まで在職していれば、会社でその年（1～12月）の年末調整をしてくれますが、それ以外の人は年末調整をしていないはず**です。ということは、社会保険料や扶養控除、生命保険料控除など各種控除がされていないということ。確定申告でこれらの控除を受ければ、税金が返ってくるはずです。

退職した年に再就職をしている人は、新しい会社で退職前の給与と合わせて年末調整してくれますので、原則確定申告の必要はありません。

退職翌年の確定申告でお金が戻ってくるのはこんな人！

①
「退職所得の受給に
関する申告書」が未提出

②
年度途中（12月末以外）に
退職し、
年末調整していない

③
副業で赤字がある
（個人事業で申告している場合。
p122を参照）

④
医療費控除や
ふるさと納税がある

また**副業で赤字がある場合や、医療費控除がある人、ふるさと納税をした人**も、確定申告をすれば税金が還付されます。確定申告をする時は、退職金も一緒に申告してみましょう。所得控除などが適用されて、税金が戻ってくる可能性があります。退職金は確定申告しても、払った以上に税金を取られる心配はまずありませんので安心して申告してください。

翌年の住民税も軽減される？

確定申告をして所得税が安くなると、退職翌年の住民税も安くなります。

よく言われることですが、退職して誰もが驚くのが、住民税の金額です。

住民税は、**前年の1〜12月の所得により確定した金額を、翌年の6月〜翌々年5月の間に支払うことになっています。つまり所得税より1年遅れてくるわけです。**

退職時に手続きをすれば、次の5月までの残りの住民税は、退職金や最後の給与から引いてもらえます。

6月以降の住民税は、再就職していない場合は、基本的には自分で支払わねばなりません。そして、その額は、前年の高い所得を基に計算されているので、退職した月にもよりますが、負担が重くなるのです。おおよそ、会社員時代に給料から天引きされていた住民税と同じくらいの額だと考えておけばよいでしょう（**退職金にかかる住民税は退職金から天引きされているので翌年請求が来ることはありません**）。正確な金額は、6月ころに、1月1日時点で住民票のある市区町村から請求が来るのでわかります。支払い方法は、1年分を4分割で支払うか、一括で支払うかのいずれかを選びます。

確定申告で所得税を取り戻せれば、退職した翌年の住民税も安くなります。住民税を安くするためにも、確定申告をして払いすぎの税金がないようにしておきましょう。

ちなみに税金を取り戻す「還付申告」の期限は翌年1月1日から5年間です。**申告を忘れていた場合でも、5年以内であれば間に合います。**

POINT 06

ノーリスクで 金利1000倍も! 「退職金専用定期」がおすすめ

退職時期しか使えない! 「退職金専用定期」を
短期で預け替える裏ワザ

- まずは退職金専用の金利2%などの定期預金を短期で預け替えるのがおすすめ。

- 5%以上の高金利すぎる定期預金は、たいていリスク商品と抱き合わせなので、騙されない!

- 低リスクの国債や信用金庫にも、退職時期に限ったキャンペーンもあり。

退職金は、**受け取り方の戦略も大事ですが、その後「どう管理運用するのか」も大切**です。金融機関が退職金を狙って、投資信託などの金融商品を次々に売り込んでくるので、どうしていいか迷う方も多いと思います。

しかし、すぐに決められないからといって、普通預金に置いたままにしておくのでは、あまりにももったいない！　運用や投資の方針は決まっていないけれど、少しでも増やしておきたいという方は、**とりあえず退職時期しか利用できない特別な定期預金「退職金専用定期預金」に預けることをおすすめします。**

○「退職金専用定期」ならノーリスクで1年で45万円増やせることも！

たとえば、退職金3000万円を「給与受取口座の普通預金」（金利0・001％）に寝かせたままにしていたAさんと、近所の信用金庫などの「退職金専用定期預金」（金利1・5％）に預けたBさんを比較してみましょう。

1年後、Aさんの退職金についた利息は、たった300円だったのに対して、Bさんの受け取った利息は45万円！　どこに預けるかで、45万円もの差がつくこともあるのです。

「退職金専用定期」は、退職時期に限り、0・5〜2%程度の高い金利が設定された定期預金で、金利が一般的な普通預金（0・001%）の500〜2000倍にもなります。メガバンクよりも地方銀行や信用金庫などのほうが金利が高い傾向にあるようです。

「退職金専用定期」でネット検索すると紹介されているサイトなどもあるので、探してみるといいでしょう。ただし、どこも金利が優遇される期間は、1〜6か月程度と短く設定されていますので、そのまま置いておくと低い金利になってしまいます。そんな時は、預け替えがおすすめ。優遇金利の期間が過ぎたら、また別の銀行の「退職金専用定期」に預け替えて、2度3度と優遇金利を受けることもできるのです。

「退職金専用定期」が利用できる期間は銀行によって、退職後「3か月以内」という短期のものから「1年以内」「3年以内」といった長期のものまで様々です。事前に調べておいて、利用できる期間が短いものから長いものに預け替えていけば、高金利の期間を1年以上に延ばすことも可能です。先ほどの、Bさんも「退職金専用定期」の預け替えを成功させ、1年間で金利1・5%を実現し45万円ゲットしたのです。

○ 投資信託との抱き合わせには要注意

おトクな「退職金専用定期」ですが、**注意してほしいのは、投資信託やファンドラップなどのリスク商品と抱き合わせ販売されているもの**です。

金利6%（3か月）など、破格の高金利のものは、ほとんどの場合、定期預金と「同額」の投資信託等を購入することが条件となっています。投資信託が悪いというわけではありませんが、**抱き合わせされている投資信託は、選べる種類も限られていて、震えるほど手数料等が高い（3%のものも！）ことが多い**ので、すすめられるままに買うのは避けたほうが無難です。

仮に3000万円の退職金の半分を定期（金利6%・3か月）、半分を投資信託（購入手数料3%）にしたと考えてみましょう。

定期の利息＝1500万円×6%×（3／12か月）＝22万5000円

投資信託の購入手数料＝1500万円×3%＝45万円

なんと、**投資信託の購入手数料のほうが高くなってしまう**のです！　しかも、投資信託は運用している間手数料が取られます。この手数料も高いものでは2%以上かかるものもあります。これでは、退職金が減ることはあっても増える可能性はかなり低くなってしまいます。

買ってはいけない投資信託などについてはp45～ご紹介していますので、参考にしてください。

○国債や信用金庫のキャンペーンも見逃さない

絶対に退職金を減らさずコツコツ増やしたい人には、**キャンペーン時期を狙った個人向け国債の購入もおすすめ**です。キャンペーンはひと頃に比べて、減ってしまいましたが、国債を購入することで、一定のキャッシュバックや特典を金融機関が打ち出すことがあります。

個人向け国債を購入するなら、変動10年国債がおすすめです。変動といっても、0・05%の金利が最低保証されています。変動金利なのでインフレにも対応できます。国債は、1年を超えるといつでも途中解約できて、途中解約しても実質元本割れのリスクもありません。

意外と知られていないのが、地元の信用金庫が行っている期間限定のキャンペーンです。信用金庫は、これまであまり縁がなかった人もいるかもしれませんが、特産品や商品券・宝くじなどがもらえる定期預金など様々な商品があります。**年金の受取口座を信用金庫にすると、開設した時点でキャッシュバックが受けられたり、誕生日のプレゼントや旅行券などがもらえるサービス**が受けられることも！　なんでも相談ができる窓口などのサポートも充実しています。定年退職後、一つはお近くの信用金庫に口座を持つことをおすすめします。

POINT

07

退職金を減らす可能性が高い「やってはいけない投資」

やってもいいのは、理解できるものだけ

利回りの低い不動産投資は損をする可能性が大。

手数料の高いファンドラップ・投資信託に気を付ける。

理解できない保険や運用商品には絶対に投資しない。

前項でおすすめした、金利が高い「退職金専用定期」は、使える期間が限られていて、おおむね退職後1年以内です。実際は、その先の運用期間のほうが長いので、その後どう資産運用していくかが大切です。慣れない投資に手を出して、退職金を減らしてしまう人は、大勢います。ここでは、私が「退職金を減らす可能性が高い」と思う投資をあげておきたいと思います。

いずれにしても、**資産運用をする上での鉄則は「理解できないことはしない」こと**です。

利回りが3％以下の不動産投資はNG

退職金でまとまったお金が入った人が走りがちなのが、不動産投資です。不動産業者も「不動産投資で自分年金を作りましょう」などという営業トークをしてきますが、不動産投資はそう簡単ではありません。

「不動産投資」で、一番やってはいけないのは、利回りの悪い不動産を買うことです。利回りとは不動産購入価格に対して、年間いくらの利益を上げられるかの指数です。2000万円で買った不動産が、年間60万円の家賃を稼げば「表面利回り」は3％です。でも実際は、固定資産税や借入利息、管理費や修繕費などがかかるので、「実質利回り」はさらに低くなります。

不動産投資をやってもいいといわれる「表面利回り」の目安は6％以上ともいわれていますが、現在は不動産価格が高騰していることもあり、3％程度やそれ以下の利回りでも買ってしまう人も多くいるようです。でも、これはとても危険です。

表面利回り3％では、ローンの利息や、管理費、固定資産税など払っていくと、手取りは期待できません。ひどい場合には、ローンを返すために預金を取り崩す人もいます。

もちろん、**不動産投資から得られる利益には「家賃による利益」だけではなく、「買った金額よりも高く売れた場合の売却益」**もあります。ただ、不動産価額がバブル並みに高くなっている今のような時期は、家賃による利回りが低くなるだけでなく、売却益が出る可能性も低くなりますので、不動産投資には不向きな状況であると考えたほうがいいでしょう。

○手数料の高いファンドラップ・投資信託

金融機関が力をいれてすすめる商品の共通点は、「手数料が高いこと」です。前項であげた定期預金と抱き合わせの投資信託やファンドラップもそうですが、大手金融機関が力を入れてすすめるものの手数料は必ず確認してください。手数料には、購入する時にかかる手数料と運用している期間中にかかる手数料がありますが、手数料2〜3%なんていう商品もざらにあります。たとえ運用利回りが2%出たとしても手数料を2%以上取られていたら、元本割れしてしまいます。投資信託やファンドラップなどの運用商品はプロに運用を任せるわけですから、手数料ゼロというわけにはいきませんが、1%を切るような手数料のものもたくさんありますし、中には、0・1%を切るものだってあります。手数料が安ければいいとはいいませんが、手数料が高ければ儲かる可能性は低くなります。手数料が低くてよいパフォーマンスを出す商品もあるのです。**営業マンの言いなりになって高い手数料のものを買うことは、やめていただきたいと思います。**

●毎月分配型の投資信託は危険

老後の定期収入の助けになると考えるのか、**「毎月配当が出るタイプの金融商品が好き！」という人は多いようですが、資産を増やすという意味ではこれもおすすめしません。**

毎月分配型の商品は、約束した配当を出すために運用で賄えなかった分は、元本を削って払いだします。たとえば、1000万円投資をして、毎月5万円ずつ配当を出すという約束をした商品の場合、運用がうまくいかなくて3万円しか稼げなかった時は、足りない分の2万円を元本から出しますので、翌月は1000万円ではなく、998万円を運用することになります。1000万円で5万円の運用益が出せなかったことを考えれば、998万円ではさらに出しづらくなり、元本はどんどん減っていく可能性があるのです。

投資の基本は複利です。100万円で1万円の運用益がつくなら、その1万円を運用対象にすれば今度は101万円を運用することになるので運用益は増えていくのです。

理解できない保険や投資商品

「退職金といえば、これ！」といわれるほど金融機関の人がすすめにくる商品の一つに「外貨建て保険」があります。**金融機関にとって客におすすめしやすいのは、利回りがよくて元本保証のもの。**「外貨建て保険」はズバリこれに当てはまるのです。でも、利回りがよくて、元本保証できるのは、日本円よりも利回りのいいドルなどの外貨建てだから。ですから、**元本保証というのは、外貨建てでの話。為替相場次第で、日本円では元本割れしてしまうこともあるの**です。これを知らずに大金をつぎ込んで困った人がたくさんいるとか……。

はっきりいって、トクしかない運用商品なんてこの世にありません。そのことを念頭においで、**わからない時には「この商品のリスクはなんですか？」と正直に聞きましょう。**営業マンがわけのわからない説明をしても納得いくまで聞いてください。年を重ねると、「わかりません！」と言うのが恥ずかしいと思いがちですが、聞かぬは一生の恥です。とにかく「理解できないものには、お金を出さないぞ！」という心意気で、退職金を運用してほしいと思います。

○老後のつみたてNISAとiDeCo

最後におすすめの投資方法「つみたてNISA」と「iDeCo」について説明します。

投資の基本は「安く買って高く売る」こと。でも、いつが安い時なのかは、相場のプロでさえはっきりとはわかりません。一気に資金投入したとたんに、相場が崩れてしまったら目も当てられませんね。**「つみたてNISA」や「iDeCo」は毎月一定の掛金で投資商品を購入して定額を積み立てる「ドルコスト平均法」で資産を増やします。**

この方法のよいところは、一度に大金を注ぎ込まないということです。相場は常に動いていますが、それを逆に利用するのです。「毎月一定額を購入」することで、相場が高い時には少ししか買えず、安い時にはたくさん買えます。

しかも、**「つみたてNISA」や「iDeCo」の制度を利用すれば、利益が出ても税金がかかりません。**退職後といわず、みなさんにおすすめしたい投資方法です。

ミヤコ先生教えてください!

いまさら聞けないお金のはなし 1

「所得」と「控除」

長くサラリーマン生活を続けていると、税金も社会保険料も会社任せで、自分が何をどれだけ払っているのか意識していない方がほとんどです。また、税や社会保険の基本的な制度や仕組みに関する知識が危うい人も!

そんな方に向けて、お金オンチの担当Ｉが、ミヤコ先生にいまさら恥ずかしくて聞けない「基本のキ」を聞きました。

会社員時代、税金とか社会保険料とかどのくらい払ってるか意識してました?

いや〜。正直、給料から何が引かれているのかもわからない感じで。

そこからですね(驚)。源泉徴収票もあまり見たことない?

はい、見方もよくわからず。

退職後に初めて自分で確定申告する時にも、源泉徴収票の見方を知っているとわかりやすいので、そこから説明しましょう。

お願いします。

源泉徴収票の例

令和２年分　給与所得の源泉徴収票

支払を受ける者	住所又は居所	東京都〇〇市×× 1－11－7	(受給者番号)　××××××××
			(役職名)
			氏名　(フリガナ)　カクテイ　ジロウ
			確定　次郎

種別	支払金額	給与所得控除後の金額（調整控除後）	所得控除の額の合計額	源泉徴収税額
	❶ 6000千 000円	❷ 4260千 000円	❸ 1768千 814円	内 ❹ 154千 700円

(源泉)控除対象配偶者の有無等 有	従有	老人	配偶者(特別)控除の額	控除対象扶養親族の数（配偶者を除く。） 特定	従人	老人	従人	その他	従人	16歳未満扶養親族の数	障害者の数（本人を除く。） 特別	その他	非居住者である親族の数
〇			千 円	人		内 人		人		2人	内 人	人	人

社会保険料等の金額	生命保険料の控除額	地震保険料の控除額	住宅借入金等特別控除の額
❺ 899千 514円	78千 000円	31千 300円	千 円

(摘要)

見るべきポイントは……

まず、❶の「支払金額」が、会社から支払われている「年収」です。給与の他、残業代などの各種手当やボーナスなどが含まれます。

それはわかります！　いきなりわからないのは、❷「給与所得控除後の金額」。「給与所得控除」ってそもそも、何ですかコレ？

「給与所得控除」というのは、簡単に言うと会社員のための〝みなし必要経費〟です。会社員として働くのにも、洋服や靴とか経費がかかりますよね。それを、みなし経費として一定額認めてあげるので、それを収入から引いていいですよ、ということ。

フリーランスの人が、売上から経費を引くのと同じイメージ？

その通りです。会社員には「給与所得控除」という領収書のいらない経費が認められているということ。この額は年収によって決められています。

❷の「給与所得控除後の金額」というのは、すなわち、収入からみなし経費を引いた後の金額ということですね。

ハイ！ ❷の金額は、通常「給与所得」といいます。つまり、収入−給与所得控除（みなし経費）＝給与所得。つまり給与所得というのは会社員にとっての「儲け」という意味です。

「給与収入」と「給与所得」の違い、今までわかってなかった！

「所得」＝「儲け」だと覚える

「所得」という言葉が出てきたら、基本は、収入から経費を引いた「儲け」の意味と覚えてください。実は年金生活者にも、同じような「公的年金等控除」という〝みなし経費〟があり、「年金所得」は、「年金収入」から「公的年金等控除」を引いたものです。

なるほど！「所得」＝「儲け」である！

しかし所得（儲け）全体に課税されるわけではなく、さらに扶養家族の人数や、生命保険料などもろもろの状況に応じた控除をしてくれます。それが、❸の「所得控除の額の合計額」で、所得から「所得控除」を引いたものが、課税対象になる「課税所得」です。

年末調整で会社に生命保険料などの控除申告書を提出するのは、❸を決定するためなんですね。

はい。「課税所得」に税率をかけて税額が決まります。税率は、課税所得額に応じて、5～45％まであります。整理すると左の図表のようなイメージです。

税額が決定した後に、そこからさらに控除される場合もある？

「税額」が決定した後にさらに引いてくれる「税額控除」というのもあって、これは、払うべき税金からそのまんま引いてくれるので、おトク度が高い！「住宅ローン控除」は実はこちらです。

これで最終的な所得税の納税額が決定する。

その納税額が、源泉徴収票の❹に書かれている金額です。

節税のポイントは「控除」を増やす

なるほど！　つまり、所得控除や税額控除が多いほど、税金が少なくなる！

「控除」めちゃくちゃ大事！　退職して、起業したり年金生活になっても同じです。会社を辞めると年末調整をしてくれなくなるので、そういった「控除」を忘れずに自分で確定申告して、課税所得を圧縮するのが、手取りを増やす第一のコツです。

所得税が決まる仕組み

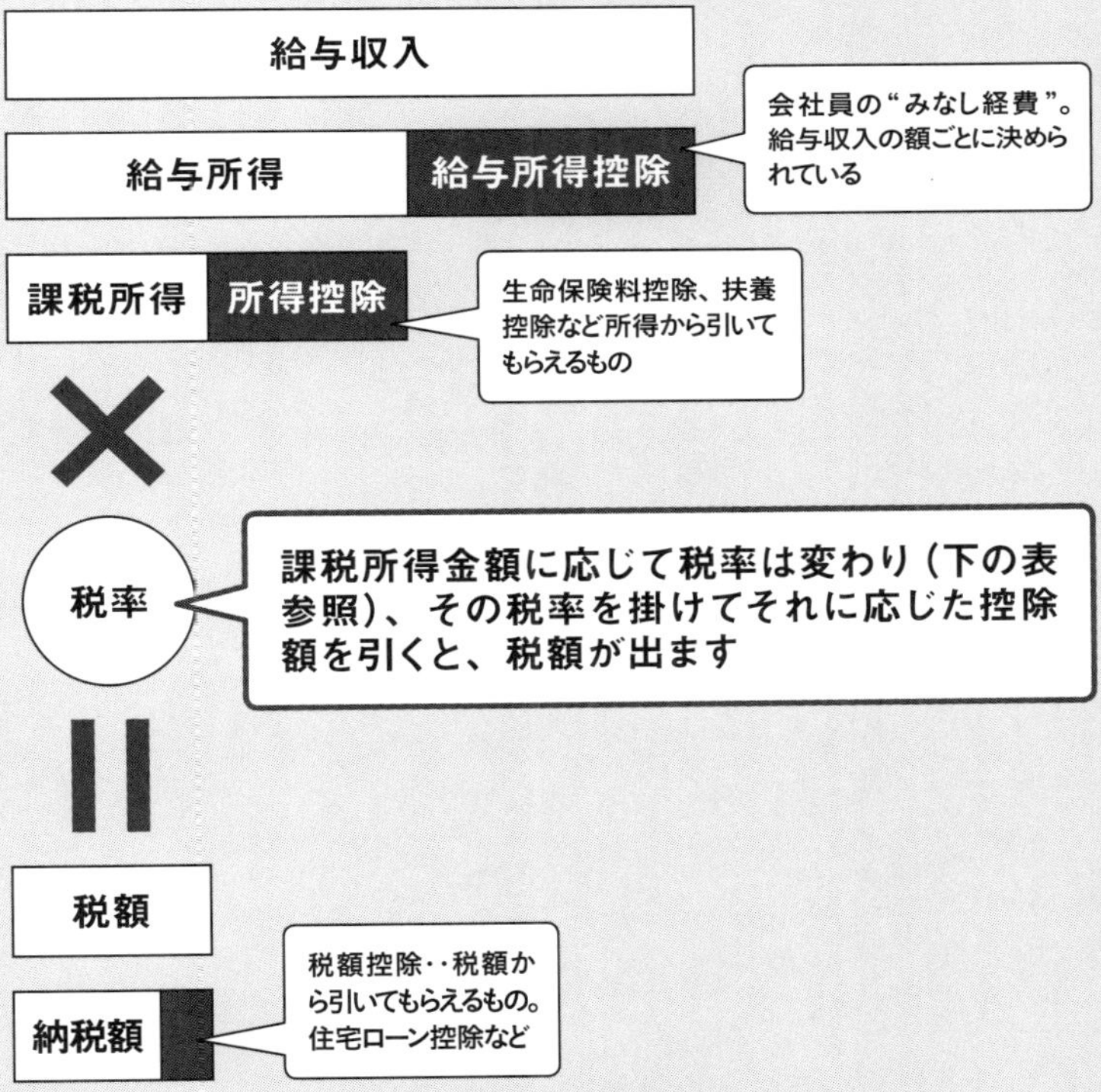

所得税の速算表

課税所得金額	税率	控除額
195万円以下	5％	0円
195万円を超え330万円以下	10％	9万7500円
330万円を超え695万円以下	20％	42万7500円
695万円を超え900万円以下	23％	63万6000円
900万円を超え1800万円以下	33％	153万6000円
1800万円を超え4000万円以下	40％	279万6000円
4000万円超	45％	479万6000円

ところで、源泉徴収票に載っている源泉徴収税額というのは、所得税だけですよね？ってことは、❶「支払金額」－❹「源泉徴収税額」がサラリーマンの手取りになるわけではない？

はい。「手取り収入」は、❶「支払金額」－❹「源泉徴収税額（所得税）」からさらに、「住民税」と❺「社会保険料等の金額」を引いたものです。

まだまだいっぱい引かれるんですね。

p150で、詳しく説明しますが、❺の社会保険料というのは、主に「健康保険料」「介護保険料」（40歳以上のみ）「厚生年金保険料」「雇用保険料」。これもかなりの額です。

住民税は翌年支払うことになる

そして住民税はどこに書いてある？

源泉徴収票を見ても住民税は載っていません。今年（1～12月）の所得が確定したらそれに応じた額を翌年の6月から払います。つまり住民税は1年ずれて払うわけです。

だから退職翌年に、退職した年の高い所得に応じた住民税の請求が来るというわけですね。どのくらいですか？

住民税は、前年の課税所得のだいたい10％くらいと思っておけば、大丈夫です。

第2章

「年金」で絶対損しない!

年金は「申請しないともらえない」

年金って、なんだか複雑でわかりにくいと思いませんか？

年金に関する書物や情報は世の中にたくさん出ていますが、ざっと読んだだけでは、はっきりいってよく理解できません。**年金制度が、こんなにわかりにくい理由は「いろいろなケースに対応するために、いろいろな例外が作られているため」**なのだと思います。

年金は、国民全員に関係する制度です。一口に国民といっても、会社員の人もいれば、自営業の人や専業主婦の人もいて、それぞれ制度が異なります。「働きながら」もらうのか、「完全に仕事をやめて」もらうのか。また夫婦など家族の在り方によっても、制度は異なります。「夫が会社員で妻が専業主婦の場合」とか「妻が年下の場合」ｅｔｃ。いろいろなケースに応じた制度があって、結果、年金の制度は恐ろしく複雑になってしまっているのです。

さらに、年金制度がひっ迫しているために、なるべく年金を払わなくて済むよう（？）、ツギハギの制度改正が行われ続けていて、年金制度はますます複雑になっているのです。

◯自分の場合はどうなのかを知っておけばＯＫ！

こんな複雑な年金制度のすべてを理解する必要なんてありません。知っておくべきことは、自分の場合**「いつから」「いくら」「損をしない方法」で受け取れるのか**です。

この章では、年金で損をしないために、知っておきたいコストパフォーマンスが大きいワザに絞って紹介します。「年金について、もっと細かく知りたい！」という方は、年金に特化した書籍などで掘り下げていただければと思います。

ちなみに、**年金はとにかく「申請主義」**です。自分で申請しないと、本来もらえるべき年金も、もらえません。原則通りに65歳から年金をもらう時でさえ、年金請求書を出さないと自動的に繰り下げ扱いになってしまうほどに年金は「申請主義」なのです。

「年金は申請しないともらえない」。これだけは絶対に覚えておいてください。

POINT

08

50代前半の「ねんきん定期便」の年金見込み額はあてにならない!?

役職定年で給料が下がると、もっと低くなる!

「ねんきん定期便」は、
モレがないかのチェックには有効!

年金見込み額は現役時代の平均賃金が
60歳まで続くとして試算されている。

役職定年で給料が下がると、平均賃金も下がるため
見込み額よりもらえる年金は下がる!

毎年誕生月になると「ねんきん定期便」のはがきが送られてきます。35歳、45歳、59歳の時には、全期間の納付情報が書かれたＡ４の封書が送られてきます。

はがきの「ねんきん定期便」に記載されているのは、「直近1年間の保険料の納付状況」「これまでの保険料納付額」「これまでの年金加入期間」「老齢年金の見込み額」など。

「ねんきん定期便」は、見方がわかりにくいし、面倒でチェックしていない方も多いとは思いますが、これが送られるようになったのは、年金記録の「モレ」や「誤り」が大量に見つかり「消えた年金」として大きな問題になったからです。

将来もらえるはずの年金が消えていたら大変です！ **年金記録に「モレ」や「誤り」がないか、しっかり確認しましょう。**ｐ64〜の実物を見ながら、確認ポイントを紹介していきます。

①直近1年間の保険料の納付状況

「最近の月別状況です」と書いてある下に、直近1年間の標準報酬月額と納めた厚生年金保険料が記載されています。

標準報酬月額とは、給与の平均値です。毎年4〜6月の給与をもとに計算し、その結果は9

月から反映されます。給与を一定の幅で区分しているので、たとえば標準報酬月額30万円と書いてあった場合は、給与が29万〜31万円の間のことをいいます。ここには、通勤手当なども含まれます。

ボーナスをもらった月は、標準賞与額のところに、実際にもらったボーナスの額が記載されます。ボーナスが150万円を超えている場合は一律150万円と記載されます。

実際にもらっている給与や賞与とのズレがないかを確認してみてください。

②これまでの年金の加入期間

加入期間にモレがないかを確認してください。特に、**転職をしている人や結婚で名前が変わった人などは、記録が抜けている場合があります。**59歳で届く「ねんきん定期便」は、加入期間が細かく記載されていますので、加入期間のモレの有無の確認がしやすくなっています。モレや誤りがあったら、最寄りの年金事務所または年金相談センターに問い合わせましょう。

③老齢年金の見込み額（年額）

皆さんが最も気になるのはもらえる年金の見込み額でしょう。

ただし、この見込み額は、今の状況が60歳まで続いたと仮定して計算された見込み額です。**役職定年や転職、あるいは早期退職などで給与が下がると、実際もらえる年金は減る**ことになります。今後給与が減る可能性のある人は、この見込み金額をあてにして、老後の資金計画を立てないほうが無難です。

「受給開始年齢」のところに65歳よりも前の年齢・受給額の記載がある人は、**「特別支給の老齢厚生年金」をもらえる人です。男性は昭和36年4月1日以前に生まれた人、女性は昭和41年4月1日以前に生まれた人です。**

支給開始年齢の3か月ほど前に「年金請求書」が届くので、忘れずに申請してください。

○いつでも使える「ねんきんネット」が便利

いつでも年金情報を確認したいという人は、「ねんきんネット」を利用してみましょう。

ねんきん定期便に記載されている「④ねんきんネットへのアクセスキー（有効期間到着後3か月）」があれば、すぐに登録できます。アクセスキーがなくても、ウェブサイトの申し込み画面に基礎年金番号などを入力すると登録に必要なユーザーＩＤが郵送で届きます。

ねんきん定期便の見方

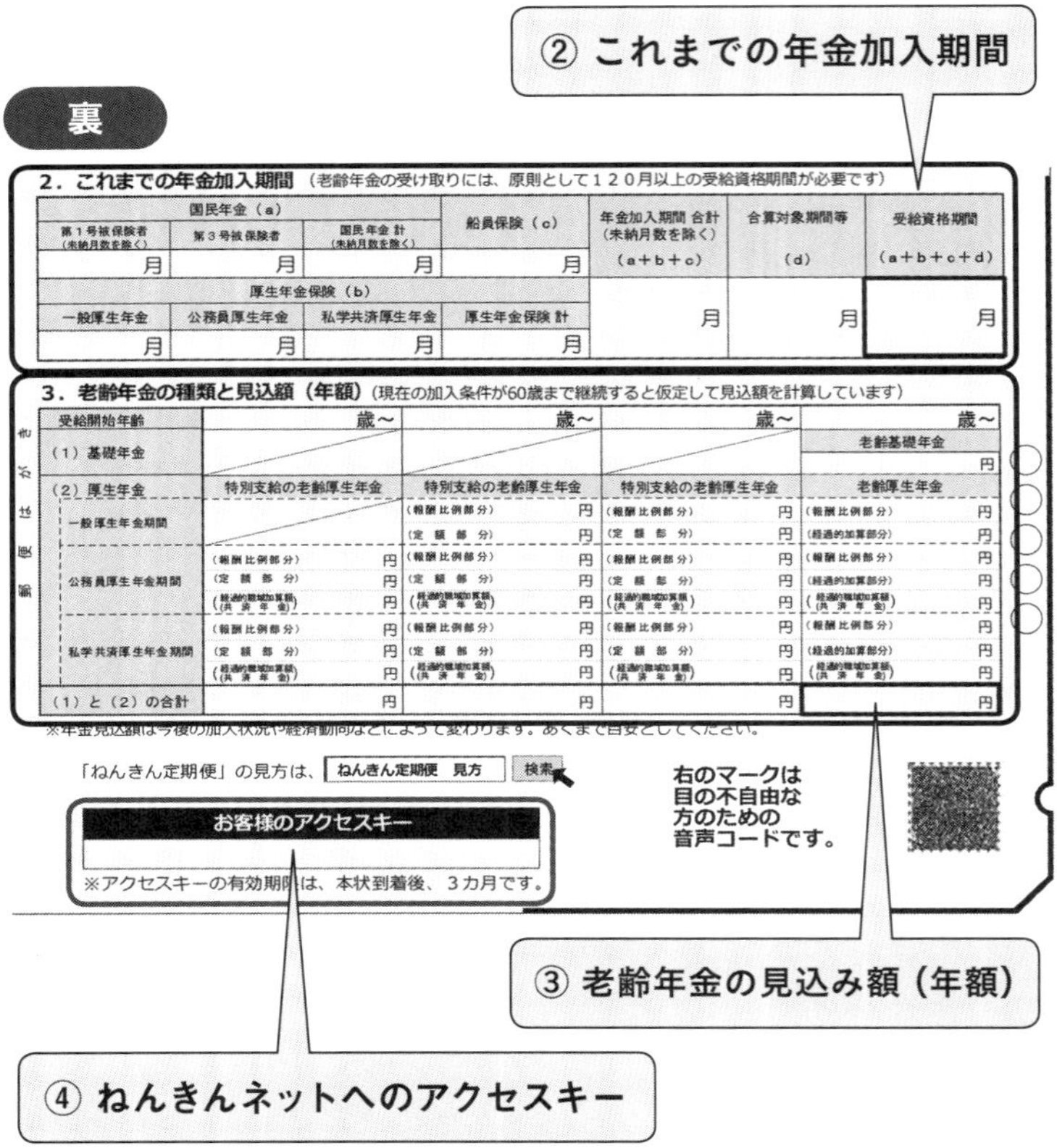

裏

2．これまでの年金加入期間（老齢年金の受け取りには、原則として１２０月以上の受給資格期間が必要です）

国民年金（a）			船員保険（c）	年金加入期間 合計（未納月数を除く）（a＋b＋c）	合算対象期間等（d）	受給資格期間（a＋b＋c＋d）
第１号被保険者（未納月数を除く）	第３号被保険者	国民年金 計（未納月数を除く）				
月	月	月	月			
厚生年金保険（b）				月	月	月
一般厚生年金	公務員厚生年金	私学共済厚生年金	厚生年金保険 計			
月	月	月	月			

3．老齢年金の種類と見込額（年額）（現在の加入条件が60歳まで継続すると仮定して見込額を計算しています）

受給開始年齢	歳～	歳～	歳～	歳～
（1）基礎年金				老齢基礎年金 円
（2）厚生年金	特別支給の老齢厚生年金	特別支給の老齢厚生年金	特別支給の老齢厚生年金	老齢厚生年金
一般厚生年金期間		（報酬比例部分） 円 （定額部分） 円	（報酬比例部分） 円 （定額部分） 円	（報酬比例部分） 円 （経過的加算部分） 円
公務員厚生年金期間	（報酬比例部分） 円 （定額部分） 円 （経過的職域加算額（共済年金）） 円	（報酬比例部分） 円 （定額部分） 円 （経過的職域加算額（共済年金）） 円	（報酬比例部分） 円 （定額部分） 円 （経過的職域加算額（共済年金）） 円	（報酬比例部分） 円 （経過的加算部分） 円 （経過的職域加算額（共済年金）） 円
私学共済厚生年金期間	（報酬比例部分） 円 （定額部分） 円 （経過的職域加算額（共済年金）） 円	（報酬比例部分） 円 （定額部分） 円 （経過的職域加算額（共済年金）） 円	（報酬比例部分） 円 （定額部分） 円 （経過的職域加算額（共済年金）） 円	（報酬比例部分） 円 （経過的加算部分） 円 （経過的職域加算額（共済年金）） 円
（1）と（2）の合計	円	円	円	円

郵便はがき

※年金見込額は今後の加入状況や経済動向などによって変わります。あくまで目安としてください。

「ねんきん定期便」の見方は、ねんきん定期便　見方　検索

お客様のアクセスキー

※アクセスキーの有効期限は、本状到着後、３カ月です。

右のマークは
目の不自由な
方のための
音声コードです。

表

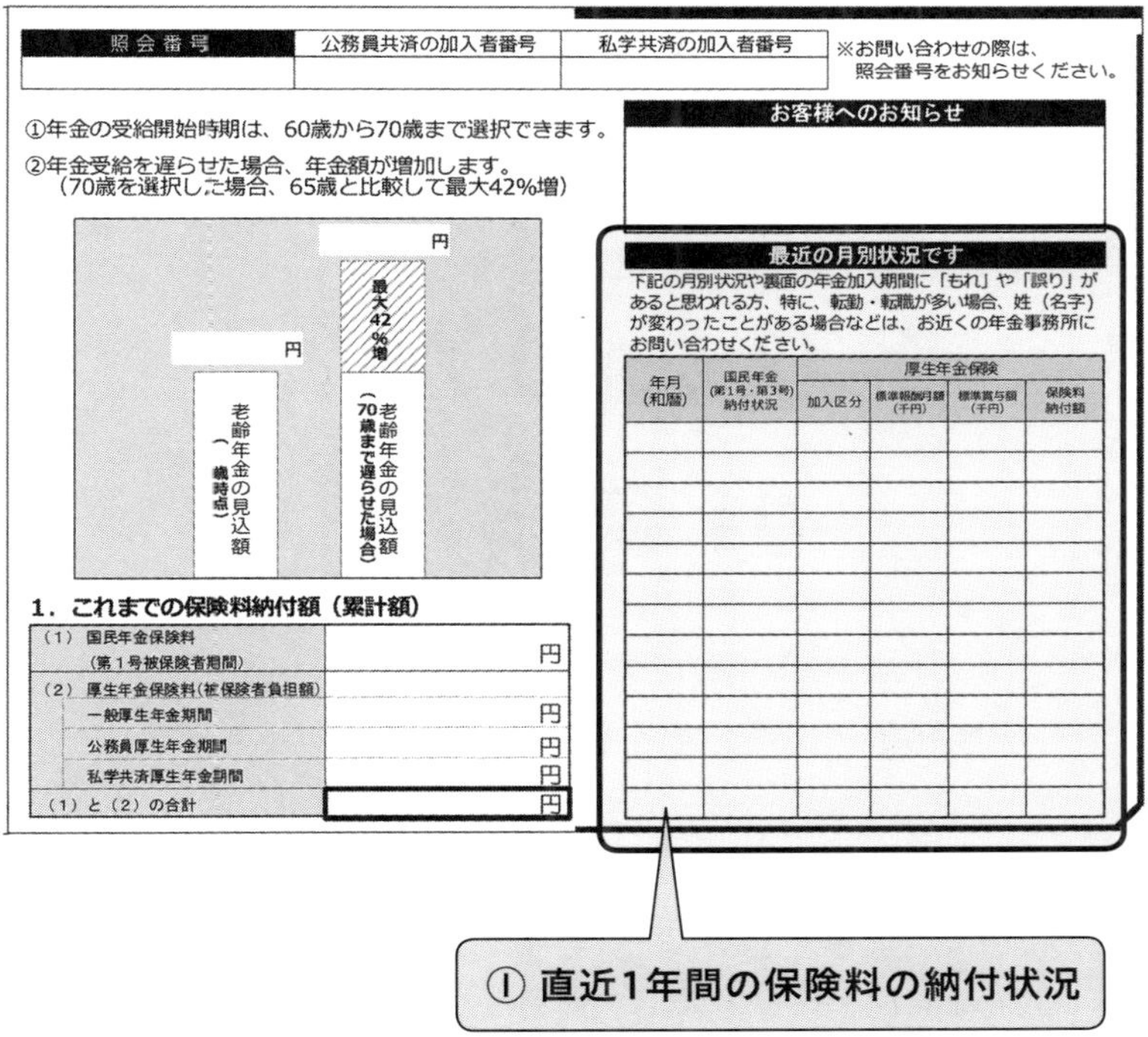

照会番号	公務員共済の加入者番号	私学共済の加入者番号

※お問い合わせの際は、
照会番号をお知らせください。

①年金の受給開始時期は、60歳から70歳まで選択できます。
②年金受給を遅らせた場合、年金額が増加します。
（70歳を選択した場合、65歳と比較して最大42%増）

1．これまでの保険料納付額（累計額）

（1）国民年金保険料（第1号被保険者期間）	円
（2）厚生年金保険料（被保険者負担額）	
一般厚生年金期間	円
公務員厚生年金期間	円
私学共済厚生年金期間	円
（1）と（2）の合計	円

お客様へのお知らせ

最近の月別状況です

下記の月別状況や裏面の年金加入期間に「もれ」や「誤り」があると思われる方、特に、転勤・転職が多い場合、姓（名字）が変わったことがある場合などは、お近くの年金事務所にお問い合わせください。

年月（和暦）	国民年金（第1号・第3号）納付状況	厚生年金保険			
		加入区分	標準報酬月額（千円）	標準賞与額（千円）	保険料納付額

POINT

09

「年金は何歳からもらうのがトクなのか？」の考え方

76歳未満で死ぬなら60歳から、
81歳以上生きるなら70歳からがトク！

年金の「繰り上げ」「繰り下げ」問題は、結局、
リスクとリターンをどうとるか。

いつからもらうかの選択によって
トータル800万円以上の違いがでることも！

年金から社会保険料や税金が引かれるので、
手取りでの損益分岐点はさらに遅い。

年金が受け取れるのは、原則65歳からですが、60～70歳（改正後は75歳までの予定）の間で自由に選ぶことができます。**年金を65歳より早く受け取る「繰り上げ」受給は、早く受け取る代わりに年金年額が減ります。一方、65歳より遅く受け取る「繰り下げ」受給は、遅く受け取る代わりに年金年額が増えます。**はたして、何歳から受け取るのがトクなのでしょうか……。

受取開始時期を決める一番のカギは、65歳で受給開始した場合と比べて受給総額がトクになる年齢を表す「損益分岐点」です。たとえば、60歳から「繰り上げ受給」した人は76歳が損益分岐点。70歳から「繰り下げ受給」した人は81歳が損益分岐点です。

でも単に「〇歳が損益分岐点です」といわれても、その分岐点を超えたら実際どのくらいの損や得があるのかが、具体的にわからないと、ピンと来ないですよね。

次のページに受給開始年齢別の「年金額の増減率」と「年金額」、「損益分岐点となる年齢」を表にしましたので、具体的な数字を使って見ていきましょう。

ただし、年金には税金や社会保険料がかかり、これらは年金額が多いほど高くなるので、実際は、表の損益分岐点の年齢よりも、1～2歳ほど、うしろにずれてくる可能性が高いです。

何歳でもらうかで、年金額はこんなに違う！

（年金月額16万円の場合）

受給開始年齢	65歳スタートの受給額との増減率	年間受給額（65歳開始の場合との差）	損益分岐点年齢（65歳スタートより年金総額が多くなる年齢）	（参考）改正後の増減率	（参考）改正後の損益分岐点年齢
60歳	−30%	134万4000円 （−57万6000円）	76歳未満	−24%	80歳未満
61歳	−24%	145万9200円 （−46万800円）	77歳未満	−19.2%	81歳未満
62歳	−18%	157万4400円 （−34万5600円）	78歳未満	−14.4%	82歳未満
63歳	−12%	168万9600円 （−23万400円）	79歳未満	−9.6%	83歳未満
64歳	−6%	180万4800円 （−11万5200円）	80歳未満	−4.8%	84歳未満
65歳	±0％	192万円	ー	±0％	
66歳	＋8.4%	208万1280円 （＋16万1280円）	77歳以上	改正前と同じ	
67歳	＋16.8%	224万2560円 （＋32万2560円）	78歳以上		
68歳	＋25.2%	240万3840円 （＋48万3840円）	79歳以上		
69歳	＋33.6%	256万5120円 （＋64万5120円）	80歳以上		
70歳	＋42%	272万6400円 （＋80万6400円）	81歳以上		
71歳	現状は選択できず			＋50.4%	82歳以上
72歳				＋58.8%	83歳以上
73歳				＋67.2%	84歳以上
74歳				＋75.6%	85歳以上
75歳				＋84%	86歳以上

改正後
75歳まで延ばすと84％UP！

ポイントは、損をどこまで受け止めるか？

年金をいつもらい始めるかを決めるカギは、リターンとリスクをどう受け止めるかです。右の表を見てください。年金月額16万円の人が「繰り上げ」を選択した場合、仮に、60歳になってすぐに年金をもらい始めると、65歳からもらい始めるよりも年金が30％減（年間57万6000円減）となりますが、早くもらい始めている効果があり、75歳までは手にする年金は多くなります。

しかし、損益分岐点である76歳を超えると、「繰り上げ」しなかった場合と比べて、毎年57万6000円ずつもらう年金が少なくなります。これが具体的なリスクというわけです。**仮に90歳まで生きたら、864万円程度ももらえる年金が少なくなる**ということです。

「繰り下げ」をした場合、仮に、70歳から受け取りを始めると、65歳からもらい始めるよりも年金が42％、年間80万6400円増えます。損益分岐点を超える81歳以降にその効果が出るので、仮に**90歳まで生きれば、65歳からもらい始めるよりも806万円程度ももらえる年金が増える**ということです。これが具体的なリターンです。

一部だけの繰り下げでリスクヘッジができる

逆に早死にした場合の「繰り下げ」のリスクですが、70歳から年金をもらおうと思っていた人が、70歳直前で亡くなってしまえば、年金は1円ももらえません。60歳からもらっている人なら、70歳直前に亡くなってもすでに1344万円も年金をもらっていることになります。こんな極端な例でなくても、「繰り下げ」は、1回に受け取れる金額は多くなりますが、早死にリスクがあります。

「繰り下げ」の場合、一部だけを「繰り下げ」るという方法もあります。たとえば、16万円の年金月額の内訳が（老齢基礎年金6万円＋老齢厚生年金10万円）だった場合、「老齢基礎年金だけ」「老齢厚生年金だけ」と繰り下げする部分を選べるので、リスクヘッジに利用できます。

このように、具体的な損得が見えると、どうすべきか決めやすくなるのではないでしょうか。「ねんきん定期便」に記載されている、老齢年金の見込み額（年額）を使って、是非、自分の場合を考えてみてください。計算をし直すのは大変ですので、たとえば年金月額が20万円の人であれば、「表の数字の1・25倍」というように考えてもらえばいいと思います。

POINT 10

「繰り上げ」がおすすめなのはこんな人！

損益分岐点だけでは損得が決められない、
注意ポイント！

繰り上げする人は、
年金がカットされないように気を付ける。

加給年金、障害基礎年金、寡婦年金
がもらえるかもポイント。

年金が高くなると、社会保険料や税金の負担が
増えることも忘れずに！

前の項で、年金を「繰り上げ」「繰り下げ」した場合の損益分岐点年齢と具体的な損得の計算の仕方を説明しました。それを踏まえた上で、実際どちらを選んだほうがいいのかを考える時の参考にしていただきたいことを紹介します。

「元気なうちにもらう」も一つの考え方

「何歳から年金をもらうか」は、最終的にはライフスタイルや価値観によるところも大きいと思いますが、私個人としては少しでも若く元気なうちにもらって使いたいと思っています。

というのも、幼いころから添加物の入った食べ物を食べ、体も鍛えていない（？）私たち定年前後世代は、今の高齢者よりも健康寿命が短いのではないかと思うからです。

寝たきりになってから、高額な年金をもらっても、逆に、税金や社会保険料・医療費の自己負担割合が増えるだけ（p150〜参照）なんて可能性もあるわけです。

ただし、働きながら年金をもらう場合は注意が必要です。現状65歳未満の人は、給与と年金の合計額が28万円を超えると、超えた分の半分の年金がカットされてしまいます（2022年

繰り上げ VS. 繰り下げ

繰り上げ（65歳前からもらう）を選んだほうがいい人

繰り下げ（65歳後からもらう）を選んだほうがいい人

実際みんなはどうしてる？

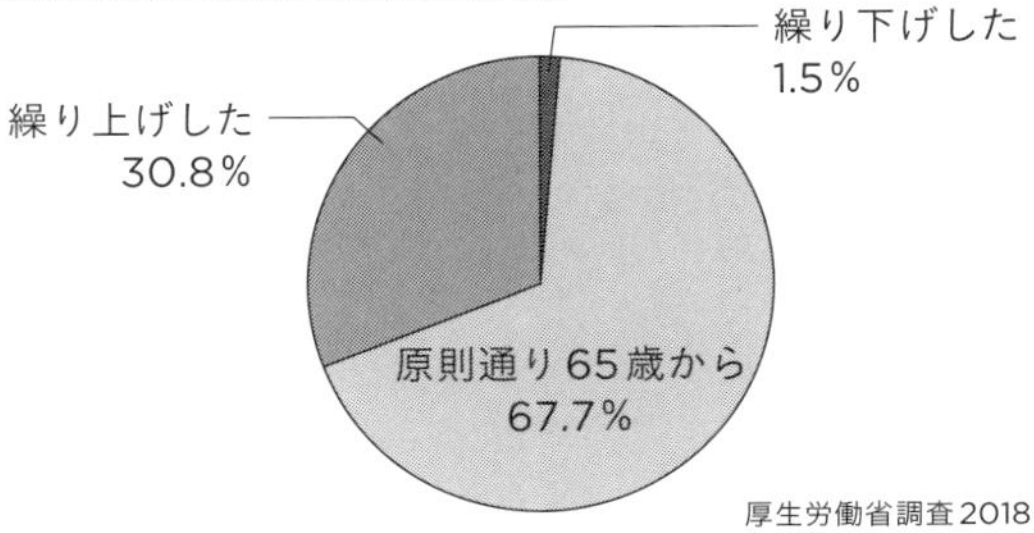

厚生労働省調査2018年より

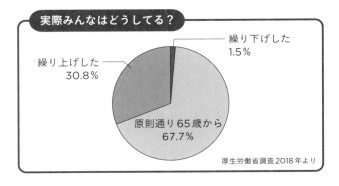

4月から47万円超に変更予定)。カットされた部分の年金は取り戻すことはできません。わざわざ早くもらって年金をカットされるのでは、本末転倒です(詳細はp99)。

他にも「繰り上げ」すると障害認定を受けるともらえる「障害基礎年金」や自営業の夫などが亡くなった場合に受けられる「寡婦年金」の対象外になるというデメリットがあります。

繰り下げが向いているのは

私のお客様でも、「長生きの家系なので、絶対長生きする自信がある!」「70歳まではバリバリ働くから、年金をもらってもカットされてしまう」という人は、繰り下げを選んでいます。ただし、**注意したいのは、年下の妻や18歳未満の子がいる場合にもらえる「加給年金」(p75〜参照)が、「繰り下げ」をしているともらえなくなってしまうこと。**その場合の裏ワザは、次の項で紹介します。

ちなみに、夫が亡くなった後に妻がもらう「遺族年金」は、65歳で払われる原則の金額から算出されます。「繰り上げ」、「繰り下げ」をしていようと、金額は変わりません。この話をすると「遺族年金が変わらないなら、夫の年金は、早く死んでも損をしない「繰り上げ」のほうがよさそうね」という女性陣も少なくありません(笑)。

POINT

11

妻の年金 〝フル受給〟で 年間約40万円も プラスになる

年金の損得は、夫婦合わせて考える

年下妻がいると、夫の年金に「加給年金」が加算される。

昭和41年4月1日以前に生まれた妻は「振替加算」がもらえる。

妻の年金を繰り下げると、老後が安心？

「夫より年下」で**「厚生年金の加入期間が20年未満」「年収が850万円未満」**の妻がいる場合、65歳からもらう夫の年金に**「加給年金」**が加算されます。

もらえるのは、年間約39万円。**届け出をすれば、夫が65歳になった時点から妻が65歳になる時点まで毎年加給年金が夫の年金に加算されます。**

夫が65歳になった時点で、18歳未満の子どもがいる場合もその子が18歳になるまで、所定の障害がある20歳未満の子の場合は20歳になるまで、同じく「加給年金」が加算されます。

夫側の条件は3つ。**「厚生年金の加入期間が20年以上」と「年金をもらい始めている（繰り下げしていない）」と「妻、または子との間に生計維持関係がある」**こと。**前項でも書いたように、繰り下げ受給をしていると、せっかくの「加給年金」がもらえなくなってしまう**のです。もらえなかった分の「加給年金」は消えてなくなってしまいます。

ちなみに、「加給年金」は男女逆転の場合にも当てはまります。かわいい年下夫を持つ、バリキャリ妻も条件が合えば、忘れずに申請してください！

「繰り下げもしたいし、加給年金ももらいたい」時に使える裏ワザ

「長生きには自信があるから、年金を繰り下げ受給しようと思っていた」「65歳からも働いてそこそこの給与をもらうので加給年金までもらったら年金がカットされる」という人には、**年金を繰り下げながら「加給年金」をもらえる裏ワザ**があります。

それが「老齢基礎年金のみを繰り下げる」という方法です。「加給年金」は、老齢厚生年金さえもらっていれば受給できるので、「老齢基礎年金のみ繰り下げ」すれば、「加給年金」をもらいつつ年金年額も増額できるわけです。

昭和41年4月1日以前生まれの妻は「振替加算」がもらえるラッキー世代

妻が65歳になると、夫の「加給年金」はストップしますが、かわりに妻の年金に「振替加算」がプラスして払われるようになります。**これは「年下妻」も「年上妻」ももらえますが、対象となるのは、昭和41年4月1日以前に生まれた妻のみ！**

金額は、2020年現在で、60代半ばの妻だと年5万円前後。生年月日があとになるほど金額は下がり、昭和36年4月2日～昭和41年4月1日生まれの人は年約1万5000円程度で

す。昭和41年4月2日以降生まれは、残念ながらもらえません。

「加給年金」も「振替加算」も手続きを忘れて、もらい損ねている人も少なくないようです。そんな場合でも、5年間分はさかのぼって請求することができます。年金はとにかく申請しないと始まりません。多少条件が合わなくても年金事務所で相談してみましょう。

○お勤め経験がないラッキー世代の妻は「厚生年金」に加入すればさらにおトク

上記の「振替加算」がもらえる昭和41年4月1日以前生まれの女性は、p63でもふれた「特別支給の老齢厚生年金」ももらえます。これは、65歳になる前にもらえる老齢厚生年金で、昭和36年4月1日以前生まれの男性、昭和41年4月1日以前生まれの女性だけがもらえます。性別と生年月日によって支給開始年齢が異なります。

ただし、この年金がもらえるのは、今まで1年以上厚生年金に加入したことがある人のみ。お勤めの経験がないなど、一度も厚生年金に加入していない人はこの年金がもらえません。「もらえるものは、もらう!」というのであれば、1年間だけでもパートなどに出て今からでも厚生年金に加入するという方法もあります。検討してみてもいいかもしれません。

太陽の塔

TOWER OF THE SUN MUSEUM

太陽の塔　入館券　　予換

入館時刻

14時 30分 から

15時 00分 まで

・入館時刻の20分前までに、太陽の塔の入館口にお越しください。

・本券1枚で お1人様1回発売当日限り有効。

一般　大人　※円

2023.10.07 14:15　T02-546519

ご注意

①太陽の塔へは、表面に記載の「入館日時」に入館可能となります。

入館開始時刻の20分前には太陽の塔受付窓口までお越しください。

なお、入館終了時刻に遅れた場合は、入館できないことがあります。

②太陽の塔に一度入館されますと、この入館券での再入館はできません。

③太陽の塔へ入館される際には、別途「日本庭園·自然文化園入園券」が必要です。

※本券は、払戻や紛失による再発行はいたしません。

※本券は、太陽の塔に入館する際に必要ですので、折り曲げたり、汚損したりせず、大切にお持ちください。

○妻の基礎年金は繰り下げる！

多くの方は、「妻は健康だし自分より長生きしそうだ」と思っていらっしゃるのではないでしょうか？　そんな場合は、妻の年金は繰り下げ受給するのがおすすめです。

会社員だった夫が亡くなると、**妻は夫の厚生年金から「遺族厚生年金」と、自分の「老齢基礎年金」を受け取ることができます。**「遺族厚生年金」は、夫の老齢厚生年金の75％程度。

夫婦2人でもらっていた時よりも年金収入は減ってしまいます。これを、妻自身の「老齢基礎年金」の増額でカバーするのです。5年間繰り下げすれば、年金は42％増えます。老齢基礎年金の年額が78万円の人であれば、5年繰り下げ受給すれば、約110万円になります。年間110万円の年金だけなら、税金はまずかかりません。遺族厚生年金部分は非課税です。

ちなみに、**働いていた妻の場合は、「老齢厚生年金」は繰り下げず、「老齢基礎年金」のみの繰り下げがおすすめ**です。妻が働いていた場合、夫が亡くなると夫の遺族厚生年金か妻の老齢厚生年金はどちらかしか選べません。

妻の老齢厚生年金のほうが少なかった場合、夫が亡くなった後に夫の遺族厚生年金を選択することになれば、繰り下げ効果を長く受けられなくなってしまうからです。

加給年金と振替加算（妻が専業主婦の場合）

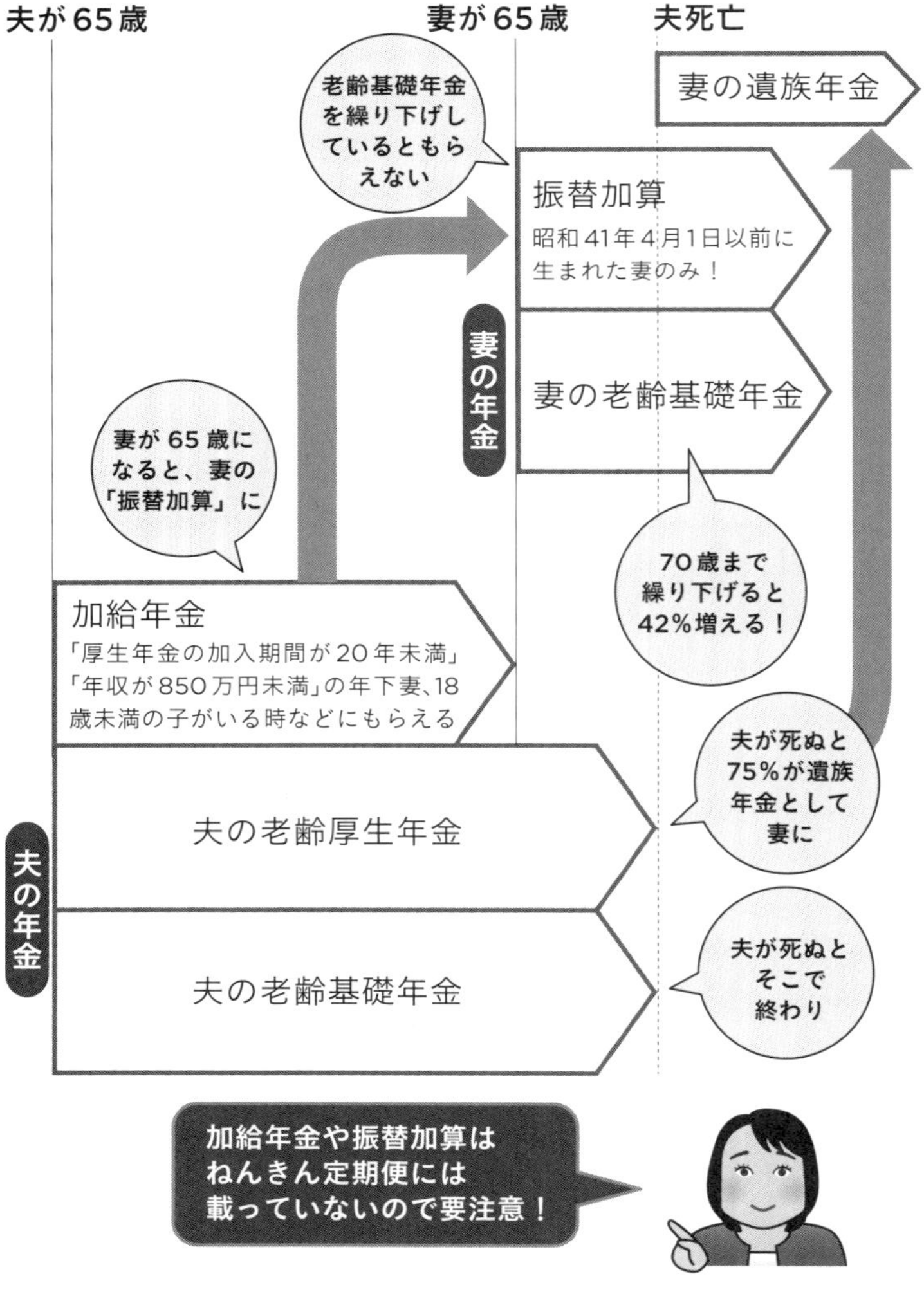

POINT

12

iDeCoは節税効果と運用益のダブルでおトク!

公的年金の受給額を上げるために
あくせくするより、コスパは大きい!

**節税効果も高いので、
比較的ローリスクで投資が楽しめる。**

**サラリーマンなら、加入可能年齢が今の60歳から
65歳に引き上げ予定。**

**55歳から始めても、60歳までの5年間で、
138万円積み立てられる。**

「年金を少しでも増やしたい」と考えているならば、おすすめなのがi《イ》De《デ》Co《コ》（個人型確定拠出年金）です。**iDeCoは、自分で作る私的年金です**。公的年金は、保険料を渡して国に運用を任せていますが、その運用を自分で行うのがiDeCoです。

iDeCoは、はっきり言って公的年金よりもよい仕組みだと思います。

公的年金は、国の一存で制度がコロコロ変わり、もらえる金額もよくわかりません。

また、早死にすると払った保険料相当分の年金さえ受け取れない可能性もあります。

それに対して、iDeCoは、自分の口座で運用をしますから、ネットなどで常に今の資産状況を把握することもできますし、万が一受け取る前に死んでしまったとしても、口座の中にある財産はすべて遺族の方が受け取れます。

保険料は、公的年金と同様全額所得控除できますし、**運用益や配当に税金もかかりません。**

国の年金制度なんて、あてにできないと思っている人にもiDeCoはおすすめです。

私も、10年ほど前からiDeCoで積み立てをしています。毎月２万５０００円ほどを積み立てて、積み立てた金額のトータルが３００万円程なのに対して、今の資産額は５００万円超

iDeCoの3つの節税メリット

① 掛金全額が所得控除の対象。
所得税と住民税が安くなる。

② iDeCoで買った投資信託などの利益や配当には、
税金がかからない。

③ 一括で受け取れば、
税金が優遇されている退職所得課税になる。

です。

これだけ、増やすことができたのは、iDeCoが「ドルコスト平均法」で資産を運用しているからです。つみたてNISA（つみたてNISAについては、p50で紹介）とよく似ていますが、違いは、iDeCoなら掛金が所得控除できるという点です。

私の場合、毎年30万円ほど積み立てたiDeCoの掛金が全額所得控除され、年間9万円程度の節税ができました。節税額はトータルで90万円以上です。**これだけの節税効果があれば、万が一運用がうまくいかなくても怖くない**とも言えます。

iDeCoは利益や配当に税金がかかりま

せん。通常は、資産運用で利益や配当が出ると、そこに20％程度の税金がかかります。200万円の利益を確定すれば、40万円程度が税金ですが、iDeCoなら儲けた分も含めてすべて、自分のものにすることができます。

○iDeCoには制約も

おトクなiDeCoですが、加入年齢・掛金・受け取り年齢に制約があります。

①加入年齢は60歳まで

現状の制度では、iDeCoで積み立てができるのは60歳までです。ですから、58歳の人がiDeCoを始めたとしても、2年間しか加入できないので、「今さらiDeCo……」という感じでした。でも、2022年5月以降iDeCoの加入年齢の上限が65歳まで引き上げられることになりました（基本サラリーマンのみ）。

ですから、「あと少ししかない」とあきらめないで、50代の方にもiDeCoを活用してもらいたいと思います。

②掛金

iDeCoの引き出し可能年齢は？

iDeCoの加入期間	引き出し可能年齢
10年以上	60歳～
8年以上	61歳～
6年以上	62歳～
4年以上	63歳～
2年以上	64歳～
1か月以上	65歳～

「そんなにメリットたくさんなら、iDeCoでバンバン積み立てをしたい」ところですが、iDeCoにかけられる金額は、サラリーマンで月額5000～2万3000円の間まで、自営業者は、月額5000～6万8000円の間までです。

③受け取り年齢

iDeCoは、早くても60歳になるまで、受け取ることができませんし、かけている年数によっては受け取れる年齢が決められています。若い人には、この点が好まれないようですが、もともと私的年金づくりのための制度ですから、仕方ありません。

「ドルコスト平均法」で積み立てるiDeC

oは若いうちから始めるほど資産を増やすことができます。

受け取れる年齢をすぎたあとは、受け取り時期を選べます（現状70歳まで。2022年4月から75歳までになる予定）。ですから、**運用している商品の値が下がっている時に無理して売却する必要はありません。**値動きをみて、良いタイミングを選んで受け取ることができます。

iDeCoは、一括で受け取ることも年金として受け取ることもできます。一括で受け取れば、退職所得、年金で受け取れば雑所得です。これは、p30で説明した企業型の確定拠出型年金と同じ仕組みです。節税のことも考えて受け取り方を決めましょう。

まずはiDeCoの口座を作ることから

iDeCoの口座は銀行・証券・保険会社などで作れます。手数料は金融機関ごとに違うので、手数料の安いところを選びましょう。口座ができたら、運用する商品を決めます。運用商品は、リスクの高いものから、元本保証の定期預金タイプまで様々あって悩みますが、いくつかの商品に分けてリスク分散することもできます。

運用中も手数料がかかりますので、運用商品も手数料の安いものを選ぶといいでしょう。

第3章

働き損にならない「働き方」

60歳以降は「給与が高い＝手取りも高い」ではない

現役サラリーマン時代は、基本的には「給与が高い＝手取りも高い」というのが常識だったと思います。しかし、60歳以降の働き方においては、「給与が高い＝手取りも高い」にならないことが多々あります。

というのも、**給与が低い時にだけもらえる給付金**があったり、逆に**給与が高いと本来もらえるはずの年金が減らされてしまったり**と、様々な制度の死角や落とし穴があるからです。これを知らずに「働き損」になっている人はたくさんいると思います。

「給与よりも働き甲斐だ!!」という方もいると思います。このように、力いっぱい働く場合でも、手取りを増やすチャンスはあります。

いずれにしろ、「もらえるものは、最大限もらう」方法を知っておいて損はないと思います。

雇用保険には失業手当以外にも〝使える給付金〟がたくさんある

退職後は、今まで払ってきた雇用保険のモトを取る時期でもあります。

雇用保険料を払ってきた人が受け取れるのは、いわゆる失業手当だけではありません。退職後すぐに働き始めた人でももらえる給付金や、給与が下がった時にもらえる給付金など、もらえる可能性のあるものは他にもあります。こういった給付金は、自分で申請しないともらえないものがほとんどです。

つまり、給付金の存在を知らなければ、申請もできないわけですから、もらい損ねてしまうということ。これは本当にもったいないことですよね。

また、申請したとしても、その時期やちょっとした条件でも、もらえる金額がかわってきます。

この章では主に、60歳以降も「会社員」として働くことを考えている人が、損をしないようにするポイントをお教えします。

POINT

13

定年退職で失業手当をもらえる場合、もらえない場合

もらえないと100万円以上の損になることも!

60歳で定年退職、再就職の意欲があれば
失業手当は最高で約108万円もらえる。

しばらく就職しない人は、
必ず事前に延長申請(定年の場合最長2年)しておく!

個人事業主として開業すると、
失業手当はもらえなくなる。

失業手当がもらえる条件

①64歳以下で退職した。
② 就職が内定および決定していない失業の状態にある。
③ 原則、退職前２年間に雇用保険に1年以上加入。
④ 積極的に就職しようとする意志がある。
⑤ いつでも就職できる健康状態・環境にある。
⑥ 積極的に仕事を探しているにもかかわらず
仕事に就いていない。

「定年」という言葉は引退というイメージが強いからか、失業手当をもらえないと思っている人もいるようです。

しかし、**「会社員として再就職する意欲のある人」であれば、失業手当はもらえます。**新入社員のころから、コツコツと何十年も雇用保険料を払い続けてきたわけですし、失業手当は税金もかかりませんので、是非、もらっていただきたいと思います。

失業手当は誰でももらえるわけではなく、表のような条件があります。

失業手当がもらえるのは65歳になる前に退職をした場合に限られます（65歳以降で退職して求職活動をする場合は、高年齢求職者給付金という別の給付金になります）。

そして前ページの表の通り、「今現在、就職意欲があるのに、就職が決まっておらず失業状態にある人」に限られるので、雇用延長や転職が内定している人はもらえません。

また、「すぐ働ける状態にある人」だけなので、**病気やケガなどですぐに働けない人、しばらく休んでのんびりしたい人も、ただちにはもらえません。**

ただし、事前に受給期間の延長を申請しておけば定年退職者の場合、最長2年まで受給が延長できます。**いったんゆっくり休み、働ける環境が整ったら、就職活動をして失業手当を受けたいという人は、事前に申請しておく**ことを忘れないようにしましょう。

また、**個人事業主として開業してしまうと、実際には仕事がなく、開店休業状態であっても、フリーで仕事をしているとみなされる**のでもらえません。

失業手当がもらえる条件を満たしていれば、離職票を持ってハローワークに行って申し込みを行い、所定の手続きを経て、失業認定がなされると、失業手当がもらえます。

失業手当がどのくらいもらえるのかは気になるところだと思いますが、支給額は離職理由と勤続年数、退職前の給与などによって決まります。基本手当日額は、退職前の給与に一定の給付率をかけた金額ですが、上限が決まっており45～60歳未満8370円、60～64歳7186円です（毎年8月1日に見直しあり）。給付日数は、「定年退職」だと最大150日です（「会社都合」によるリストラなどだと、給付日数は最大330日）。

60歳で定年退職した場合、最高108万円程度もらえます。

○ 失業手当をもらわずに、すぐに就職した人も、もらえる給付金がある

失業手当をもらわずに、すぐに再就職してしまうと損をしたような気持ちになりますが、そんな人がもらえる給付金もあります。60歳以降、失業手当を受け取らずに再雇用、再就職し、給与が60歳時点の75％未満に下がった場合にもらえる「高年齢雇用継続基本給付金」（詳しくはp99～）です。支給期間は60歳を迎える月から65歳を迎える月までです。

60歳時点の給与が30万円、再就職後の給与が18万円（60％に減額）とした場合、月額2万7000円が、65歳を迎える月までもらえます。最長60か月もらえれば、162万円になります。

定年前後の人がもらえる雇用保険からの給付は、失業手当や高年齢雇用継続給付だけでなく、p94～95の表のように、非常に多くの種類が用意されています。自分の状況にあったものがないか、まずは、ハローワークで確認することをおすすめします。

雇用保険からの給付金を見落とすな！

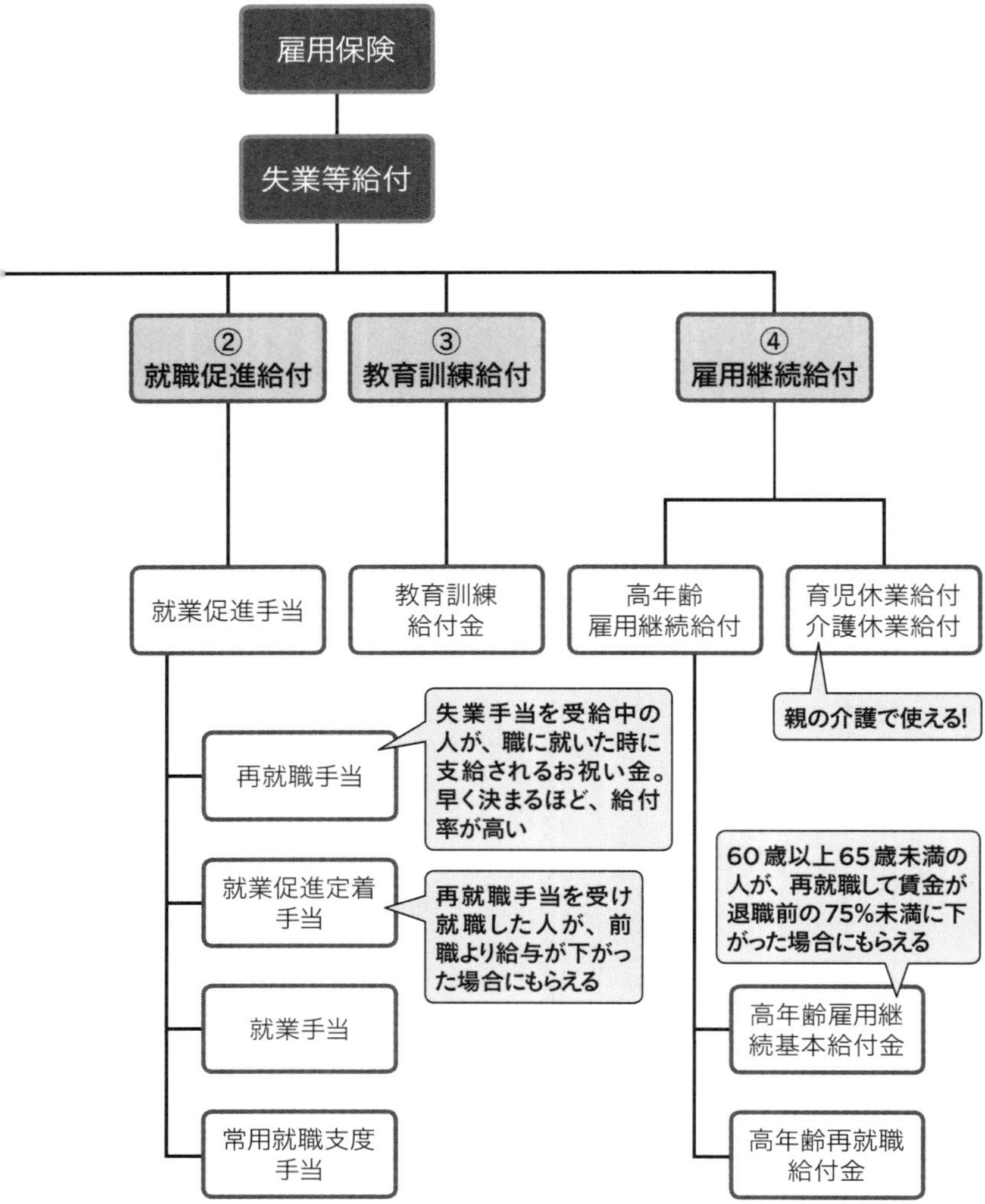

失業等給付は
主に4種類に分かれ、
非常にたくさんの給付金がある！
自分にあてはまりそうなものは、
ハローワークで
すべて確認しよう！

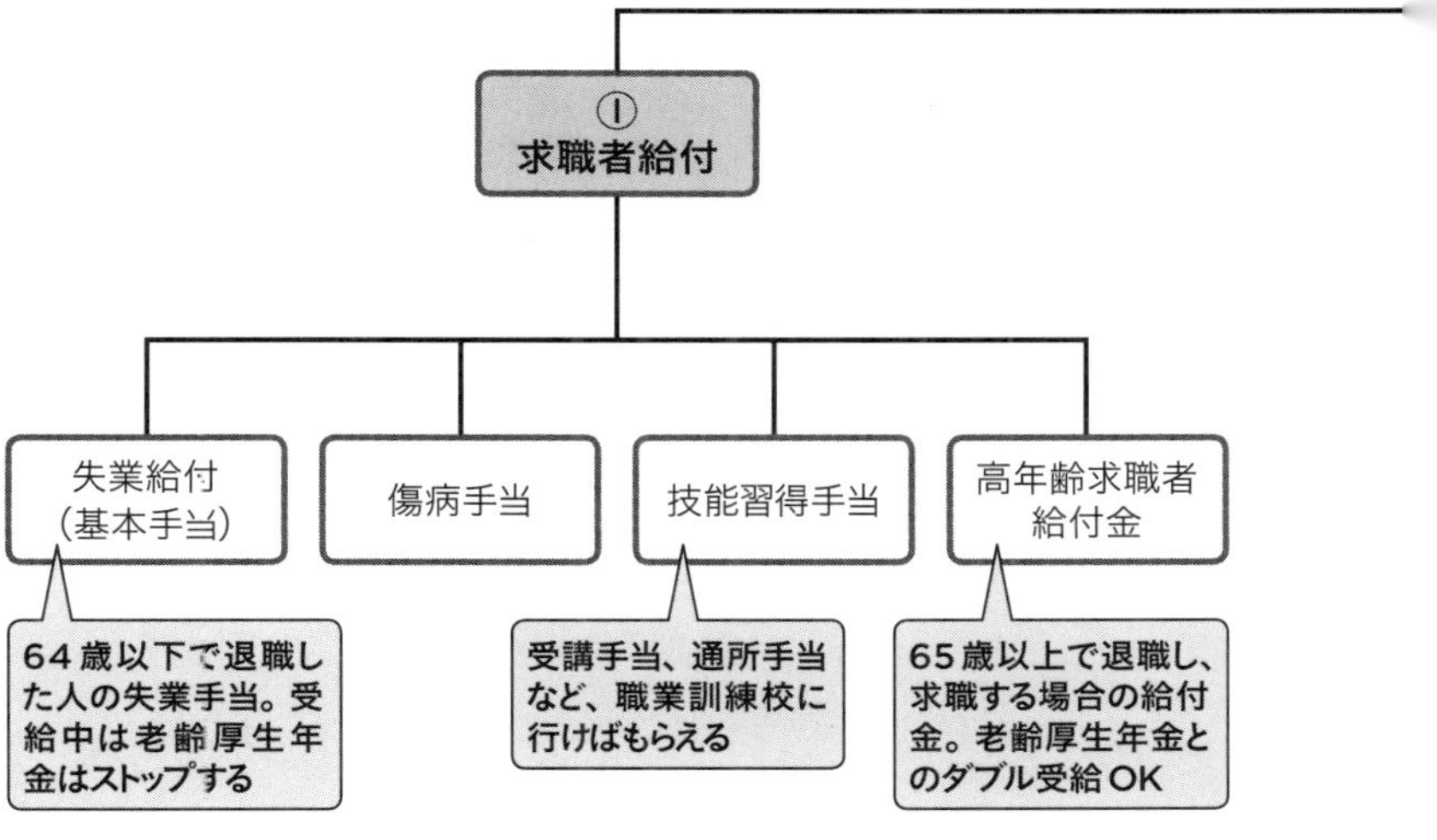

POINT

14

「公共職業訓練」を受けるとさらに100万円近くもらえる⁉

受けないと確実に損!
「公共職業訓練」はメリットしかない

失業手当受給者は無料でスキルアップのための講座が受けられる。

訓練を受けている間は失業手当の給付期間が延長される。2年間という長いコースも!!

「受講手当」「通所手当」「寄宿手当」などももらえる!

公共職業訓練のメリット

① 受講料は原則無料。

② 給付制限期間を待たず、すぐに失業手当が支給される。

③ 失業手当の受給期間が終わっても給付期間が延長される。

④ 失業認定日にハローワークに行かなくていい。

⑤ 求職活動の実績が不要になる。

⑥ 受講手当が1日500円、最大2万円支給される。

⑦ 電車、バス、ガソリン代など交通費も支給。

⑧ 職業訓練校で転職先の紹介もあり。

なんと、
2年間の
コースも！

定年後、再就職をするために、自分のスキルをアップデートしたいと考える人も多いと思います。そんな人にもってこいのサービスが「公共職業訓練」というサービスです。

不動産ビジネスやWEBプログラマ養成・情報セキュリティ管理者・介護福祉士など、様々なコースが用意されており、**失業手当を受給している人が、ハローワークによって必要と判断されると、原則無料で受けることができます**（選考試験あり）。

しかし、メリットはそれだけにとどまりません。**この訓練を受けている間は、要件を満たすと失業手当の給付期間が延長される**のです。いわば追加でお金をもらいながら、タダで勉強ができるわけです。

仮に、日額7186円、150日の失業手当を受ける予定の人が、受給期間を50日残して、6か月（180日）の訓練を受けた場合。180日－50日＝130日で、受講することで130日間、受給期間が延びるので、**130日×7186円＝約93万4000円も余計に失業手当を受けることができる**のです！

他にも、自己都合退職の場合は通常給付制限があるがそれが解除されたり、失業認定日にハローワークに行かなくていい、受講手当が1日500円最大2万円もらえたり、交通費も支給されたりと、非常に手厚い内容となっています。

○ 失業手当の給付日数が一定以上残っている必要があるので早めに相談！

ただし、これを利用する時には、受講するコースが開始する日に、所定の受給日数が残っていなければならず、コースも開講日が決まっているので、うっかりしていると、条件があわなくてこのメリットが受けられない可能性があります。

興味がある方は、退職前からどんなコースがいつ開講になるのか、条件は当てはまるのか、などをハローワークでしっかり調べることをおすすめします。

POINT

15

60歳以降は、働きすぎると「手取り」が減ることが!

年金や給付金を最大限もらう、
ベストな働き方とは?

給料と年金で月額28万円を超えると
在職老齢年金がカットされる。

給料が下がった人は
「高年齢雇用継続基本給付金」が受けられる。

いくらの給与が、最も手取りが高くなるのか、
計算すべし!

本章の冒頭でもお話ししましたが、60歳以降、会社員として働く場合、必ずしも「給与が高い＝手取りが高い」にはなりません。**給与の額が低いともらえる給付金があったり、逆に給与が高いと年金が減らされたり、様々な落とし穴があるから**です。

具体的に実感していただくために、たとえば昭和35年5月生まれの男性AさんとBさんで比較してみましょう（年齢や性別の設定により変わってきます）。左の表を見てください。

Aさんは再雇用後少しゆとりを持ちたいと週4日勤務を選択し、月給は26万円。Bさんは週5日のフルタイム勤務で36万円です。2人とも60歳時点の月給は50万円。特別支給の老齢厚生年金（p63参照）は月10万円支給予定です。

給与が月額10万円違う2人ですが、60〜63歳までの毎月の手取りの差額は3万6000円ほどです。しかも、特別支給の老齢厚生年金の受給が始まる64歳では、手取りの差額はたった2100円になってしまいます。

Aさんは、給与以外に受け取る給付金や年金を、5年間で約287万円も受け取れますが、Bさんが受け取れるのは、5年間でたった12万円です。

理由は、2つ。**「高年齢雇用継続基本給付金」**と**「特別支給の老齢厚生年金」**です。

AさんとBさんの手取り計算

	Aさん	Bさん	差額
給与	26万円	36万円	**10万円**
高年齢雇用継続基本給付金	3万9000円	0円	
所得税・住民税▲	▲9500円	▲1万8700円	
社会保険料▲	▲3万9700円	▲5万5000円	
63歳までの月額手取り	24万9800円	28万6300円	**3万6500円**
特別支給の老齢厚生年金	4万4400円	1万円	3万4400円
64歳の月額手取り	29万4200円	29万6300円	**2100円**

給与の額はBさんのほうが月10万円も高いのに…

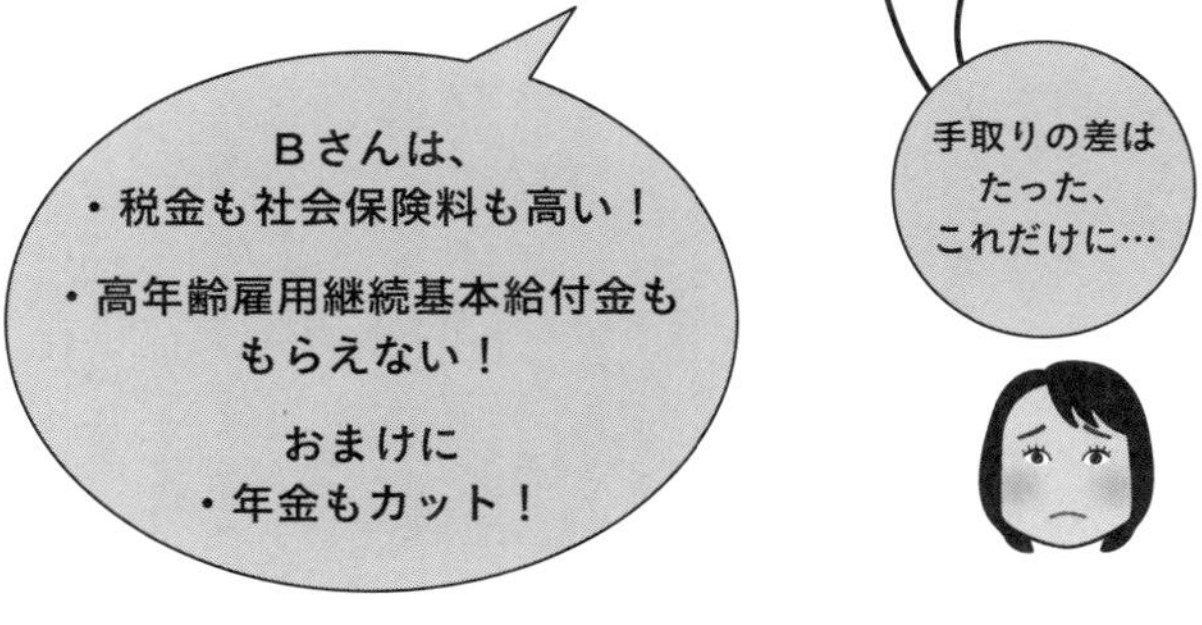
手取りの差はたった、これだけに…
Bさんは、
・税金も社会保険料も高い！
・高年齢雇用継続基本給付金ももらえない！
おまけに
・年金もカット！

○「高年齢雇用継続基本給付金」をフル受給するなら

「高年齢雇用継続基本給付金」とは、先述したように、60歳以降失業手当を受け取らずに再雇用、再就職した人の給与が、60歳時点の75％未満に下がった場合、もらえる給付金です。支給期間は60歳を迎える月から65歳を迎える月までです。

Aさんも Bさんも60歳時点での給与は50万円でした。給与が26万円になったAさんも36万円になったBさんも2人とも、給与は75％未満になっていて、給付を受ける条件を満たしているように見えます。

しかし、ここに落とし穴があります。実は、計算上60歳時点の給与の上限を47万9100円とする、というルールがあるのです。このルールをあてはめると、36万円のBさんの給与は上限の47万9100円の約75・1％。つまり、75％未満という条件をクリアしていないので、受給できないのです。

さらに、気を付けたいのがダウン率です。61％以下にダウンした場合は、新月給の15％相当額が毎月支給され、61％を超えると、支給率が徐々に小さくなります。

Aさんは、47万9100円の上限額と比べても54・3％にダウンしているので、新月給26万

高年齢雇用継続基本給付金がもらえる人

① 失業手当を受けていない人。

② 退職後の給与が60歳時点の75％未満の人（かつ36万5114円未満の人）。

③ 退職後も雇用保険に加入している人。

④ 退職時に5年以上雇用保険に加入していた人（役員だった人はもらえない）。

＊「失業手当」を受けていても支給残日数が100日以上ある人で、それ以外の条件を満たしていれば「高年齢再就職給付金」として1年分（残日数が200日以上ある人は2年分）を一括で受給できる制度もあり

円の15％にあたる3万9000円をフルで受給できるというわけです。**しかも「高年齢雇用継続基本給付金」は非課税で社会保険料もかかりません**から、そのまま手取りが増えます。

フル受給を目指すなら、退職後の給与を、60歳時点の給与（47万9100円）を超えている人は、47万9100円の61％以下に抑えることがポイントです。

60歳時点の給与というのは、60歳に達する直前6か月間の給与総額を平均した額です（基本的には60歳時点で在籍していた会社で証明してくれます）。

でも、実は退職後の強い味方のこの制度、廃止の方向です。「2025年度に60歳に到

達する人から給付率を半減させ、２０３０年度に60歳に到達する人から廃止にする」という方針で、残念ながら今後は段階的に廃止されていくようです。

○「特別支給の老齢厚生年金」は給与と合わせて28万円を超えると減額される

「特別支給の老齢厚生年金」とは、65歳になる前にもらえる老齢厚生年金です。性別と生年月日によって支給開始年齢が異なり、昭和36年４月２日以降生まれの男性、昭和41年４月２日以降生まれの女性はもらえません。

65歳未満の人の場合、「特別支給の老齢厚生年金」と「給与」の合計額が月額28万円を超えると、年金受給額は減額されます。65歳以上の人はこのラインが47万円になります（２０２２年４月以降は、65歳未満の人も47万円に引き上げられる予定）。

減額される金額は、年金や給与の額によって計算方法が変わりますが、給与が47万円以上、年金月額が28万円以下であれば（給与＋年金月額－28万円）÷２という計算式で決まります。

また、「高年齢雇用継続基本給付金」をもらっていると年金の一部が支給停止になることがあります。ちなみに「繰り上げ」受給をした年金も同じ扱いになります。

POINT 16

65歳の誕生日の前々日に辞めるのが最も トクする!

64歳11か月で辞めれば、65歳で辞めるより
失業手当が50万円近く多いことも!

65歳を超えて辞めると「失業手当」ではなく
「高年齢求職者給付金」になる。

「高年齢求職者給付金」になると、
給付日数が最大で3分の1に短くなる。

65歳の誕生日の前々日に辞めると「失業手当」と
「特別支給の老齢厚生年金」の両取りが可能!

65歳で会社を退職したAさんは、悔やんでいます。Aさんが会社を定年退職したのは、3月31日。Aさんの誕生日は4月1日です。退職日の翌日に65歳になりました。その後も働き続けたいと思いハローワークに行くと**「65歳以上で退職した人は、『失業手当』ではなく『高年齢求職者給付金』の支給になります」**と言われました。よく聞くと定年退職の場合「失業手当」は最大で150日給付されますが、「高年齢求職者給付金」は、最大50日。給付日数が3倍も違うというのです。

どのくらい違うのか計算してもらうと、退職前の月額給与30万円で、20年以上働いていたAさんは、65歳になる前に辞めていれば「失業手当」が74万円ほどもらえたはずなのに、「高年齢求職者給付金」になると約30万円とのこと。

「でも、私は誕生日の前日に退職しているから、64歳で退職しているのですが」と言うと「法律上では、誕生日の前日から65歳になっているんです」との回答。

そうなんです。**失業保険の年齢は、実際の誕生日の前の日に上がることになっている**のです。かわいそうなAさん。あと1日だけ退職日を早めてもらえれば、44万円も多く手当を受けることができたのです。

◯ 65歳の誕生日の前々日に退職、誕生日以降にハローワークに行くのがベスト！

失業手当をより多くもらうためには、65歳になる前に退職するほうがいいのですが、気を付けなければいけないのが、64歳までもらえる「特別支給の老齢厚生年金」をもらっている人と年金を65歳になる前にもらい始める「繰り上げ受給」をしている人です（ここでは以下両方を合わせて「老齢年金」といいます）。

ここは重要ポイントですが、64歳までは「老齢年金」と「失業手当」はどちらかしかもらえません。そのため、64歳のうちに失業手当の手続きをすると、「老齢年金」はストップしてしまいます。ストップした分は、あとからはもらうことができないので年金がストップする期間はなるべく短く、できればなくしたいところです。

そのためには、**「65歳になる直前（誕生日の前々日がベスト）に退職」**をして、失業手当をもらえるようにしておき、**「65歳になってからハローワークに手続きに行く」**のがベストな方法です。これなら64歳のうちにもらえる予定の「老齢年金」も期限いっぱいもらえるため、失業手当と年金を両方もらうことができます。

ただし、退職日をずらしてもらうことで、退職金や給与が下がってしまったり、自己都合での退職扱いにされて、給付制限などがついてしまっては、本末転倒です。会社との調整はしっかりしていただきたいと思います。

○65歳を超えて何度も「高年齢求職者給付金」を受けるツワモノも！

余談ですが、2017年の制度改正により65歳以上でも雇用保険に加入できるようになりました。それまでは、65歳以降の退職では「高年齢求職者給付金」が一度支給されて、それ以降は再就職先を辞めても給付金はもらえなかったのですが、この制度改正のおかげで、条件を満たせば**何度でも「高年齢求職者給付金」を受け取ることができるように**なったのです。

受給するための条件は、退職日以前1年間で合計6か月以上雇用保険に加入していることです。実際この制度を使って、何度も求職者給付を受けているツワモノもいるようです。

中小企業などでは、制度改正を知らずに65歳以上の人の雇用保険の加入手続きをしていない、というところもあるようです。そんなときは、雇用保険に加入してもらうように会社にお願いしましょう。雇用保険は、過去2年分までさかのぼって加入することもできます。

POINT 17

給料の一部を退職金に回し、手取りを増やす裏ワザ

再就職の契約では、
給与を下げて退職金に回してもらう交渉を

再就職時の契約で、
給与の一部を退職金に回してもらうよう交渉する。

年金がカットされない！　所得税・住民税が安くなる！
社会保険料が安くなる！

税金と社会保険料だけで
年間20万円近くトクになる可能性も！

給与の一部を退職金に回すだけで

在職老齢年金　月10万円　給与　月25万円
⇒このままだと、
在職老齢年金が月3万5000円カット！

月給25万を18万円にして、
7万円を退職金に
回してもらうと

- **年金はカットされない！**
  ⇒月3万5000円、**年間42万円のトク**
- **社会保険料が安くなる** ⇒ 月12194円、**年間14万6328円のトク**
- **所得税・住民税が安くなる** ⇒ **年間7万円前後のトク**

なんと、
年間63万円以上もトクに！

手取りをなるべく減らさないために、働き方や給与を調整するのもいいのですが、そんなこと気にせずに、良い条件を提示されたなら、たくさんの給与をもらって働きたい、と思う方もいらっしゃると思います。そんな方におすすめの方法があります。

それは、**給与の一部を退職金に回してもらうという方法**です。

たとえば、再就職後の給与が月25万円、「特別支給の老齢厚生年金」が10万円の場合で考えてみましょう。

25万円を給与でもらうと年金が3万5000円カットされてしまいますが、月給を月18万円にして、残りの7万円を退職金に回してもらえれば、年金はカットされません。しかも、退職金には社会保険料がかかりませんし、税金も安いというメリットがあります。

このケースなら、**社会保険料と税金の差額だけで、年間20万円以上おトクになります。しかも、「特別支給の老齢厚生年金」を受給する年には、年間63万円ほど手取りを増やせます。**

退職金をもらう時には税金がかかりますがp23などで説明した通り、退職金は大変優遇されていますし、社会保険料はかかりません。

仮に5年間勤務し、退職金に回した分をもらうとすると、7万円×12か月×5年間＝420万円になります。この420万円の退職金にかかる税金は、所得税と住民税合計で約17万円です。5年間で社会保険料と税金の差額で108万円ほどおトクになっているので、退職金で17万円税金を払ってもしっかり効果はあります！

ちなみに、退職後の「失業手当」や「高年齢求職者給付金」は、退職前6か月の給与をもとに計算されます。

給与が25万円の場合と18万円の場合では、「失業手当」も「高年齢求職者給付金」も支給額の差は数万円程度ですから、失業手当などを含めて考えても、給与の一部を退職金に回したほうがおトクです。

○賃金ダウンしたら、もらえる給付金もある

仮に「特別支給の老齢厚生年金」はもらえないので関係がない、という場合でも給与の一部を退職金に回すメリットは他にもあります。

それが、ｐ１０２で説明した「高年齢雇用継続基本給付金」です。60歳以降の給与が60歳時点の給与と比べ、75％未満に低下している場合に受けられる給付金で、ダウン率が高いほど給付率が上がり最大で新給与の15％を受給できます。給与の一部を退職金に回す方法を利用できれば、この給付金をより多く受給できる可能性があるというわけです。

このように、メリットの多い方法ですが、これを実現するためには、**再就職時の給与の取り決め時にしっかりと交渉する**必要があります。言い出しにくいと思われるかもしれませんが、給与を退職金に回すと、会社側にとっても負担する社会保険料が減るというメリットがありますから、悪い話ではありません。あとは、後回しにした退職金をちゃんと受け取れるように、雇用契約書などできちんと取り決めをしておくことをおすすめします。

POINT 18

いくら稼いでも、年金をカットされない方法がある

「バリバリ働きたい派」におすすめの2つの方法

厚生年金に加入しなければ、
いくら稼いでも年金が満額もらえる。

「業務委託契約」にすれば
厚生年金に加入しなくてよい。

究極の裏ワザは、会社で最低限の給与をもらい、
個人事業でガンガン稼ぐ。

繰り返しになりますが、働きながら年金をもらう人は、給料の額によっては年金を減らされてしまいます。特に現状、65歳未満の人は給与と年金の合計額が28万円を超えると全部または一部の年金がカットされてしまいます（2022年4月以降は、65歳以上と同じ47万円超となります）。

一定の年齢以上の人だけがもらえる「特別支給の老齢厚生年金」はもちろん、65歳より早く年金をもらい始める「繰り上げ」受給の年金もしかりです。

これでは、「定年後も力いっぱい働きたい！」という人は、「特別支給の老齢厚生年金」をもらい損ねたり、年金を早くもらいたくても「繰り上げ」受給を選択できません。

○厚生年金に加入しない働き方

でも、「力いっぱい働いても、年金を減らされない」方法があるのです。

実は、給与と年金を調整されるのは、厚生年金に加入して働いている人だけです。

厚生年金に加入さえしなければ、いくら稼いでも年金を減らされることはありません（厚生年金に加入しないということは、会社の社会保険に加入しないということです）。

会社の社会保険に加入しないで働く、というのは、個人事業主として、会社と業務委託契約などを結ぶということです。こう聞くと、なんだか難しそうに感じるかもしれませんが、実際この形で働いている人もたくさんいます。社員としての雇用契約ではありませんが今までの知識や経験を活かして働くことができます。

会社にとってもメリットがあります。社員ではないので、社会保険料を負担しなくてもよくなりますし、必要がなくなればいつでも契約を解除することもできます（これはこちら側にはイタい話ですが）。今は、いろいろな働き方が認められ始めていますので、会社に「業務委託契約」での働き方を申し出てみると、了解を得られる可能性はあると思います。

○社会保険を完備していないところを狙う方法も

自分が個人事業主として業務委託契約を結ぶ以外にも、社会保険に加入しない方法がありま す。社会保険に加入していない個人事業主などのもとで働く方法です。法人だと、社長1人しかいない小さな会社でも社会保険への加入が義務付けられています。しかし、会社組織になっていない個人事業は、従業員が5人未満であれば社会保険に加入する義務はありません。再就職先を探す時に、その事業者が社会保険に加入しているかどうかは、会社案内で確認できます。

○究極の裏ワザは、会社員として社保のメリットだけ受け、個人事業で稼ぐ！

実は一番おトクなのは、**社保に加入している会社に勤めながら、自営業をすること**です。勤め先では、年金が減らされない程度の低い給料に抑えてもらいます。一方、副業で個人事業主としてしっかり稼ぐことができれば、年金も減らされることがない上、社会保険料も低く抑えられます。

完全に自営のみだと国民健康保険に加入することになりますが、自営業でバリバリ稼ぐと、国民健康保険料も高くなってしまいます。

でも、会社で社会保険料を払っていれば、国民健康保険に加入する必要はありません。給与が少なければ負担する社会保険料も少なくてすみます。これなら、自営業でバリバリ働いても、社会保険料が高くなることはありませんし、年金も減らされないですむ、というわけです。

社会保険に加入するには、1週間の労働時間が20時間以上、月額賃金が8・8万円以上（年収106万円以上）などの条件があります。条件を満たせるよう、詳細は会社と相談することをおすすめします。

第4章

「独立」するなら徹底節税!

定年後の起業を成功させるコツ

定年後も仕事を続ける場合、会社員として勤める以外に「起業する（事業を始める）」という選択肢もあります。「起業なんてだいそれたこと」と感じる方もいるかもしれませんが、実際、定年退職後にセカンドキャリアとして起業を選択する人は増えています。

中小企業庁の調査によると、起業した人全体の中で60歳以上の人が占める割合は35％、30年前の3倍以上に増えているといいます。

一般的には、**定年退職後の起業は、自己資金をあまりかけない、リスクを抑えたスタイルが理想**です。オフィスも構えず従業員も雇わず、今までの経験を活かしつつ、身の丈に合った適度な収入を稼ぐ。たとえば、「フリーランスとして会社と業務委託契約を結ぶ」「最低限の定期収入をパートなどで得ながら、副業で稼ぐ」というように、お金に縛られず、自由な時間や人間関係を得たいという人が起業を選ぶ傾向にあると思います。

○ 個人事業主こそ「節税」ワザを知ると知らないとでは大違い

起業をすると、今まで会社任せだった税金や社会保険についても、自分で何とかしなくてはなりません。サラリーマン時代と違って、いろいろ工夫することで、税金や社会保険料の支払い額を抑えることができますし、その反面、**トクする方法を知らなかったばかりに、余計な税金を払うことになった**、なんてこともあります。

当り前のことですが、同じ年収を稼ぐ人がいたとしたら、節税のワザを使って税金を安くできる人と、知らずにそのまま税金を払ってしまう人では、手取りが違うわけです。しかも、個人事業で国民健康保険に加入している人であれば、節税をすることがそのまま健康保険料を下げることにもつながりますから、手取りをもっと増やすことができるのです。

この章では、起業をする（個人事業を始める）にあたって、是非知っておいていただきたい節税のワザを紹介します。事業の手取りを最大化するのに、お役立てください。

POINT

19

「個人事業主」はたとえ儲からなくてもメリットが大きいこれだけの理由

事業をやる〝つもり〟があれば、
誰でも個人事業主!

- 最初は収入がなくても、個人で仕事を請け負うと決めれば個人事業主になれる。
- 会社員と兼業なら、個人事業の赤字を給与と相殺できるので節税に。
- 開業届を出してしまうと失業手当はもらえないが、失業手当をもらいながら開業するか考えるのはOK。

「退職後、なにか個人で事業を始めたい」という人は、個人事業主になることをおすすめします。

退職後、**事業に専念する人はもちろんですが、会社に勤めながら「事業をやるぞ！」という人でも個人事業主になれます。**

個人事業主かどうかは、確定申告の仕方の違いです。

サラリーマンなどがちょっとした副業で稼いだ場合は**「雑所得」**として確定申告をするのが、一般的です。一方、**「事業としてやる！」と決めた個人事業主は「事業所得」として確定申告をします。**ちなみに、不動産賃貸業なら「不動産所得」として確定申告をします。「青色申告」を選択できるというのも個人事業主の大きなメリットです（p124を参照）。

◯「事業所得」での赤字は税金を取り戻すチャンス

「まだ収入もないのに、個人事業主なんて、大げさじゃないだろうか」と思うかもしれませんが、そんなことはありません。私の事務所にも「事業を始めたい！」という人が相談に来ますが、最初から儲かっている人なんてほとんどいません。最初は、経費ばかりかかって、赤字になる人だって、たくさんいますが、**事業をやる気があれば、個人事業主**なのです。

「儲かるようになってから、事業所得として申告する」と考える人もいるかもしれませんが、それではもったいないのです。

事業所得で赤字が出ている時は、税金を取り戻すチャンスだからです。


実は、**「事業所得」「不動産所得」で赤字が出たら、給与所得と相殺できる**のです。

つまり、会社員として給与をもらっている人なら、給与と相殺することで、税金の還付を受けることができるので、事業が赤字でもおトクなのです。

ただし、給与の税金の還付を受けたいばっかりに、やってもいない事業をでっち上げて赤字の申告をしたり、節税がしたいだけでちゃんと事業をするつもりがない、というような場合は、税務署から「他の所得と相殺できない」と指摘を受ける可能性があります。

あくまでも、しっかりと事業をするということが大前提です。

○「開業届」を税務署に出すと失業手当はもらえないので要注意

ただし、失業手当をもらおうと思っている人は要注意です。退職後すぐに個人事業を始めると、たとえ〝開店休業状態〟でも失業手当はもらえません。**失業手当とは「仕事を探している人を助ける仕組み」ですから、自分で事業をやると決めた人はもらえない**のです。

個人事業をやると決めているかどうかは、「個人事業を開業します」とハローワークに申告するか、税務署に「個人事業の開業届出書」を出しているかで判断されます。

では、**個人事業を始めようと考えている人は、絶対に失業手当をもらうことはできないのか、といえばそうではありません。**「失業手当をもらいながら就職先を探して、良いところがあれば就職する。でも、個人事業主として働くということも選択肢として考えている」という方は、受給資格がありますし、そのことを隠す必要もありません。

逆に、「個人事業主として開業することも考えてはいる」ということを伝えておくことで、もし開業した場合の手続きなどを親切に教えてもらえることもあるようです。

会社員時代ずっと雇用保険料を払い続けていたのですから、失業手当をしっかりもらいながら「本当に個人事業でやっていけるかを考えてみる」のもいいかもしれません。

POINT

20

個人事業主なら「青色申告」にするだけで最大36万円の節税！

「青色申告は難しい」のイメージは過去のもの

青色申告には、メリットしかない。

領収書がなくても、
最高65万円の「みなし経費」が認められる。

妻に給与を渡して「経費」とすることもできる！

個人事業主の申告の仕方には、「白色申告」と「青色申告」という2つの方法があります。税務署に何の届け出もしていない人は「白色申告」です。実際、「白色申告」で確定申告している人もたくさんいるようですが、これは実にもったいない話です。

「青色申告」には、税金上のメリットがたくさんあります。つまり、「青色申告」と「白色申告」では、払う税金が違うということ。個人事業主になるのであれば、必ず「青色申告」を選択してください。

青色申告は、税金上のメリットだらけ！

①最高65万円の特別控除（みなし経費）が認められる

青色申告の一番のメリットは、「青色申告特別控除」という〝みなし経費〟が認められることです。**これは、いわば「領収書のいらない経費」として、売上から引くことができる**のです。

控除の額は、65万円・55万円・10万円の3種類。控除を受ければ、税金が安くなるのはもちろんのこと、国保の保険料も安くなります。

一番高い**「65万円」の控除を受けるためには、複式簿記での帳簿を付ける必要**があります。

青色申告の３大メリット！

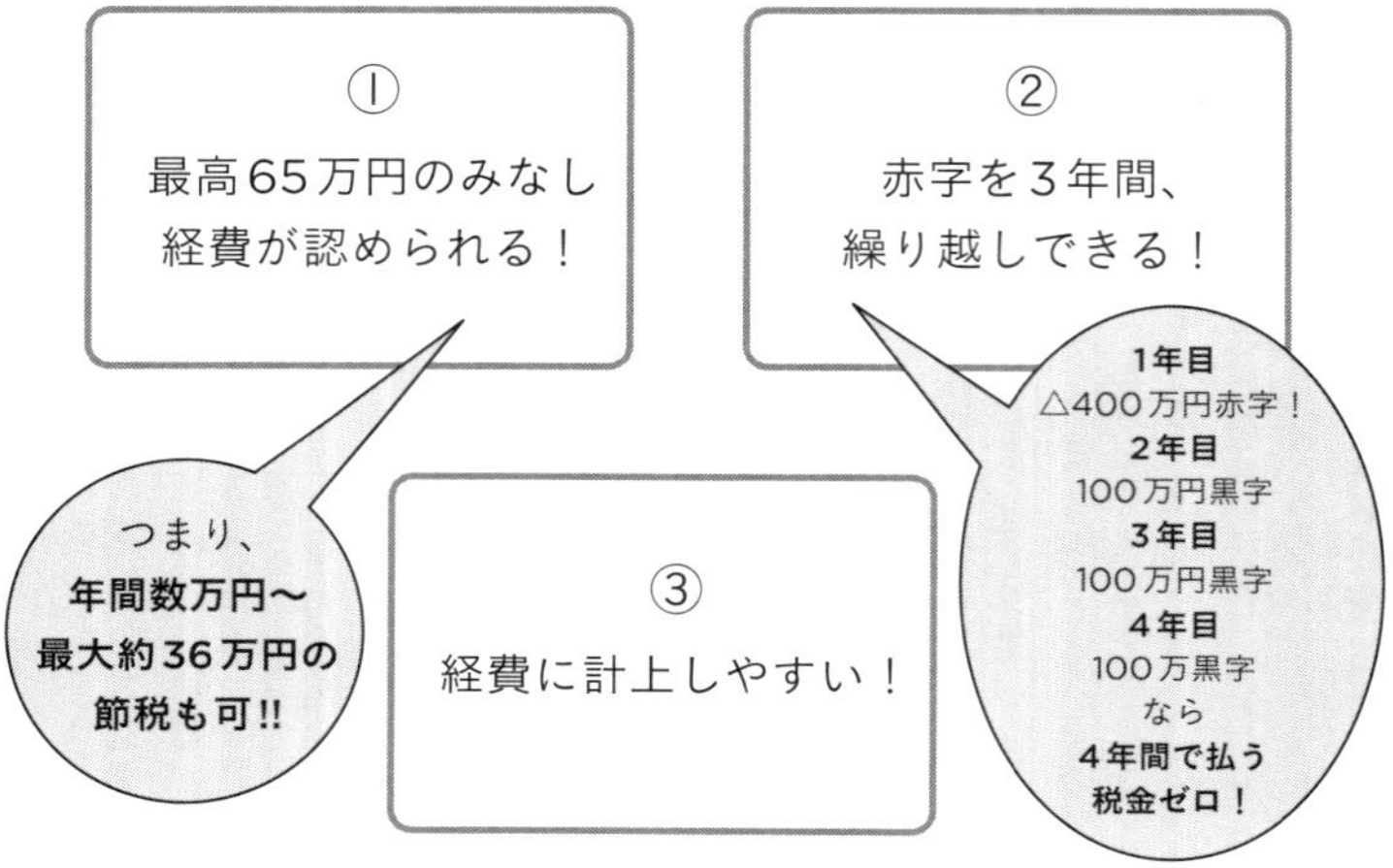

「青色申告とかって、面倒くさそうだからいやだ」という人がいますが、それはこの帳簿を付けなければいけない、というイメージのためだと思います。

でも、今は複式簿記の記帳も「フリー」や「マネーフォワード」などのクラウド会計・確定申告サービスでも簡単にできますし、税務署や税理士会主催の相談会に行けば、無料で教えてもらえます。

65万円の控除が受けられれば数万円～最大で36万円程度、税金が安くなりますので、チャレンジする甲斐はあると思います（ただし、2020年度分以降の確定申告からは65万円の控除を受ける要件に、「電子申告」もしくは「電子帳簿保存」が必要に。どちらもできない場合は、控除額は55万円となります)。
「複雑な帳簿を付けるのは面倒」という人でも、お小遣い帳程度の簡易な帳面で10万円の控除は受けられます。**10万円の控除でも、最大5万5000円税金が安くなります。**白色申告でも同程度の帳簿は必要ですから、絶対に青色申告のほうがおトクということです。

②赤字を3年間、繰り越しできる

たとえば、開業初年度は、事業を始めたばかりで売上が少なく、経費も多くかかって、大赤字だったが、翌年頑張って、黒字になったとします。こういった場合、白色申告は黒字になった年単独で税金を計算しなくてはいけませんが、青色申告なら、**赤字を翌年以降3年間繰り越すことができるので、翌年以降の黒字と相殺することができます。**

特に、アパートやマンション経営の不動産所得の場合は、初年度には建物などを購入するため大きな赤字になることが多いので、青色申告の届け(p129参照)を忘れるともったいないことになります。

③経費に計上しやすい!

白色申告でも青色申告でも、仕事のために使っている出費は上限なく経費にできますが、青色のほうが有利な点もあります。具体的には次の2点です。

「高額な備品等を買った場合」、「家族への給与」です。

・「高額な備品等を買った場合」

白色申告では10万円以上の備品は一括で経費にできず、数年に分けて減価償却という形で経費にしますが、**青色申告は、30万円未満の備品は一括で経費にすることができます。**

たとえば、20万円のパソコンを買った場合、青色申告であれば、全額をその年の経費にできますが、白色申告だと、4年間にわたって経費にする（1年あたり5万円）ということです。

・「家族への給与」

基本的には経費になりませんが、青色申告なら、税務署に届け出をすれば全額経費にできます。これを「専従者給与」といいます。「専従者給与」を出す場合は、その人が働き始めた日から2か月以内に税務署に届け出が必要です。白色申告にも似たような制度で「専従者控除」というものがありますが、最大でも86万円しか計上できません。

青色申告をするためには、左記の届け出が必要ですので、忘れずに提出してください。

青色申告をするには、これを忘れず！

●個人事業の開業届出書

→国税庁のサイトからダウンロード。
自宅住所地の所轄税務署に
開業後1か月以内に提出！

●所得税の青色申告承認申請書

→国税庁のサイトからダウンロード。
自宅住所地の所轄税務署に
開業後2か月以内に提出！

開業した年の
確定申告から
青色申告にするために、
事業開始後なるべく早く
出しておくこと！

ちなみに自宅を仕事場にしているような場合、家賃や電気代、通信費など、仕事で使っている部分を経費と考えることができます。

たとえば、自宅の書斎が仕事場なら、面積按分《あんぶん》して全体の3割を仕事用とするなど、**事業用と考える合理的な理由があれば、経費として認められます。**

白色申告の場合は、事業用部分が5割以上でないと認められないという人もいますが、実務上は白色でも経費経上しています。誤解の多い点なので念のため……。

事業用とプライベート用で、按分をすることが多い経費は、自宅兼事務所・自動車などです。

POINT 21

事業をするなら、定年前から経費の領収書は絶対に取っておく!

開業準備のためなら
「交際費」「書籍代」「セミナー代」も落とせる

個人事業主には開業する前から使える
「開業費」という経費がある。

「開業準備」のためと説明できれば、
上限なし、過去にさかのぼってもOK。

「開業費」は、儲かった年に、好きなだけ経費に
算入できる「お宝経費」。

「定年後に何か事業を始めようかな」と考えて、在職中に開業準備のために本を買ったり、人に会って話を聞いたり、セミナーに行ったりなど、情報収集をすることがあると思います。

こういう場合「まだ開業するかどうか決めていないし、会社勤めしているから、経費になるわけがない」と領収書を捨ててしまう人もいるのですが、これはもったいないことです。

実は、**開業前の起業準備期間中の支出も経費にできる**のです。ですから、たとえ退職前であっても、まだ個人事業を始めるかどうかが決まっていない段階でも、事業を始めた場合のために、領収書はとっておいてください。

開業前の支出を「開業費」といいます。実はこの**「開業費」、とても使える節税の「お宝」アイテム**なのです。

○「開業」に向けた経費であれば何年前でもOK

開業費になるのは、独立開業に関連する支出です。たとえば、**定年前、数年間かけて、起業の準備をしていたとしたら、たとえその経費が開業よりも何年も前のものであっても、起業後「開業費」**とすることができます。しかも「開業費」に上限はありません。次の表のように、かなり多岐にわたったものが開業費になります。

（開業費となるものの例）
書籍代　セミナー受講料　会議費・交際費（打ち合わせの時にかかったもの）　コンサルタント費用　文房具代　電話・インターネット代　マーケティングのための調査費　これらに伴う交通費　パソコン　ソフトウエア　事務所家賃　水道光熱費　など

細かいことをいうと、パソコンなど1つあたり10万円以上するようなものは、開業費とはならず「固定資産」となりますが、それらの経費も含めとにかく事業関連の支出はすべて領収書をとっておく！　というクセを身に付けてください。

●開業費が「お宝」である理由

では、開業費がなぜ節税の「お宝」アイテムなのか、説明しましょう。ちょっと難しい話になりますが、**開業費は実は経費ではなく、「繰延資産」とよばれる資産です。**

開業費（繰延資産）は好きな時に好きな分だけ経費にすることができます。これを**税金の世**

「開業費」で節税

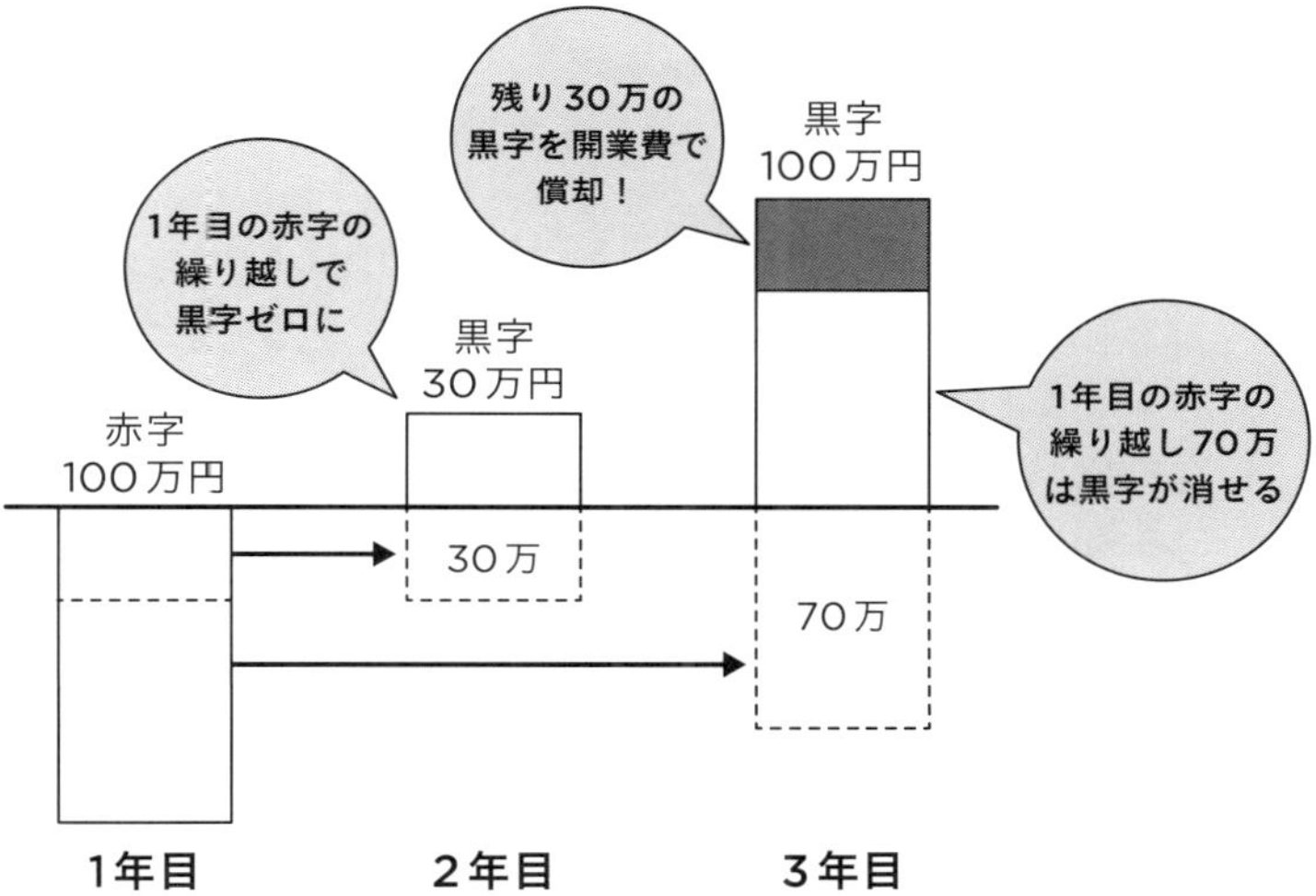

界では、任意償却といいます。

好きな時に好きな分だけ経費にできるので、「開業当初は赤字で経費がいらないから、儲かって黒字になった時に経費にしよう」とか、「今年は30万円黒字が出そうだから、30万円分だけ経費として算入しよう！」なんていうこともできるのです。

前項で説明したように、青色申告の場合は赤字の繰り越しができますが、これは3年間と期限が決められています。つまり、赤字が出てから3年たってしまうと、その赤字は消えてしまいますから、赤字の年はなるべく経費をその年に入れずに後に回せたほうが有利なのです。

POINT

22

儲からないうちは会社員妻(夫)の「扶養」に入るのがベスト!

〝男のコケン〟を忘れれば、特典だらけ

年間所得(売上ー経費)が133万円以下なら税金上の妻の扶養、48万円以下なら子どもの扶養にも入れる。

年収180万円未満なら、社会保険の扶養にも入れる(60歳以上の場合。60歳未満は年収130万円未満)。

失業手当をもらっていても、税金上の扶養には入れる!

個人事業主として開業しても、すぐにバンバン儲かるという人は一握りかもしれません。また、売上はまずまずだけど、経費も多くかかって、利益（売上から経費を引いた残り）があまりない、ということもあるでしょう。

そんな時は、**もし働いている家族がいれば、その家族の扶養に入れないか検討してみてください。**扶養に入れれば、家族全体での税金や社会保険料を大きく節約できます。

●「扶養」には「税金上の扶養」と「社会保険上の扶養」の2つの意味がある

扶養には、「税金上の扶養」と「社会保険上の扶養」があります（詳しくはp150を）。**税金上の扶養というのは、「扶養している人」が扶養控除を受けられるという意味**です。

税金上の扶養に入ることができるのは、年間の所得（儲け）が48万円以下の場合です。個人事業だけで考えると、売上から経費（みなし経費である青色申告特別控除も含む）を引いた残りが、48万円以下であれば扶養に入れます。ちなみに、給与でいうと、103万円以下がラインです。扶養に入ると、扶養している人の所得から最低でも「38万円の所得控除」を受けられます（扶養される人の年齢によって変わります）。

たとえば、年間売上300万円で経費が200万円かかった場合、青色申告特別控除（みなし経費）も引いて、所得は　300万円－200万円－65万円＝35万円（↓48万円以下）となりますから、家族の扶養に入れることになり、その家族が38万円の控除を受けられます。

仮に家族（妻）の年収が400万円くらいだった場合、6万円程度の節税になります。

ちなみに、事業をしながら年金ももらっている場合は、年金も所得の計算に入れます。年金にもみなし経費である「公的年金等控除」（65歳未満は年間60万円、65歳以上は年間110万円）があるので、それを引いた部分を年金所得としてカウントします。

○ 年間所得48万円を超えていても配偶者の扶養には入れる

配偶者（妻・夫）以外の家族（子どもなど）の扶養に入るには、年間所得が48万円以下でないといけませんが、配偶者の扶養に入る場合は、年間所得が48万円を超えても133万円以下（給与でいうと201万6000円未満）なら、扶養している人が「配偶者特別控除」を受けられます。控除額は、扶養している人の収入により変わります。

一方、「社会保険の扶養」というのは、健康保険や厚生年金保険などに、扶養家族として入

扶養する人の所得別配偶者控除の額

扶養する人の年間所得が1000万円を超える
（給与収入で1195万円超）場合は、
配偶者控除は受けられません

	扶養する人の年間所得（給与収入）⇨	900万円以下 （1095万円以下）	900万円超 950万円以下 （1095万円超 1145万円以下）	950万円超 1000万円以下 （1145万円超 1195万円以下）
配偶者（扶養される人）の年間所得	48万円超95万円以下 （103万円超 150万円以下）	38万円	26万円	13万円
	95万円超100万円以下 （150万円超 155万円以下）	36万円	24万円	12万円
	100万円超105万円以下 （155万円超 160万円以下）	31万円	21万円	11万円
	105万円超110万円以下 （160万円超 166万8000円未満）	26万円	18万円	9万円
	110万円超115万円以下 （166万8000円以上 175万2000円未満）	21万円	14万円	7万円
	115万円超120万円以下 （175万2000円以上 183万2000円未満）	16万円	11万円	6万円
	120万円超125万円以下 （183万2000円以上 190万4000円未満）	11万円	8万円	4万円
	125万円超130万円以下 （190万4000円以上 197万2000円未満）	6万円	4万円	2万円
	130万円超133万円以下 （197万2000円以上 201万6000円未満）	3万円	2万円	1万円

れるということです。社会保険の場合は、年間収入180万円未満（60歳未満は130万円未満）であれば扶養に入れるケースが多いようですが、組合により条件が違う場合もあるので、詳しくは家族が加入している健保などに問い合わせてください（p189も参照）。

途中で扶養に入れなくなったら？

税金の場合、年初は扶養に入れると思っていたけれども、年末に所得が確定して、扶養の上限を超えてしまった場合、年末調整や確定申告で最終調整をします。

一方、**社会保険は、これからの「見込み収入額」で扶養に入れるかどうかを確認します。**

年の途中で退職し、その年の1月1日からの収入が、すでに180万円の壁を越えていても、退職後の見込み月収が（年収180万円を月当たりに換算した）15万円を超えないだろうと判断すれば、入ることができます（60歳未満の人は、年収130万円がラインなので、月当たり10万8334円です）。

年の途中で、扶養の基準を超えることが明らかになった場合は、その時点で扶養から外れることになります。さかのぼって、保険料を払わされることはありませんので、**いくら稼げるかわからないうちは、扶養に入っておくと数十万円単位でトクすることも可能**です。

社会保険料の扶養は「見込み収入額」で入れる！

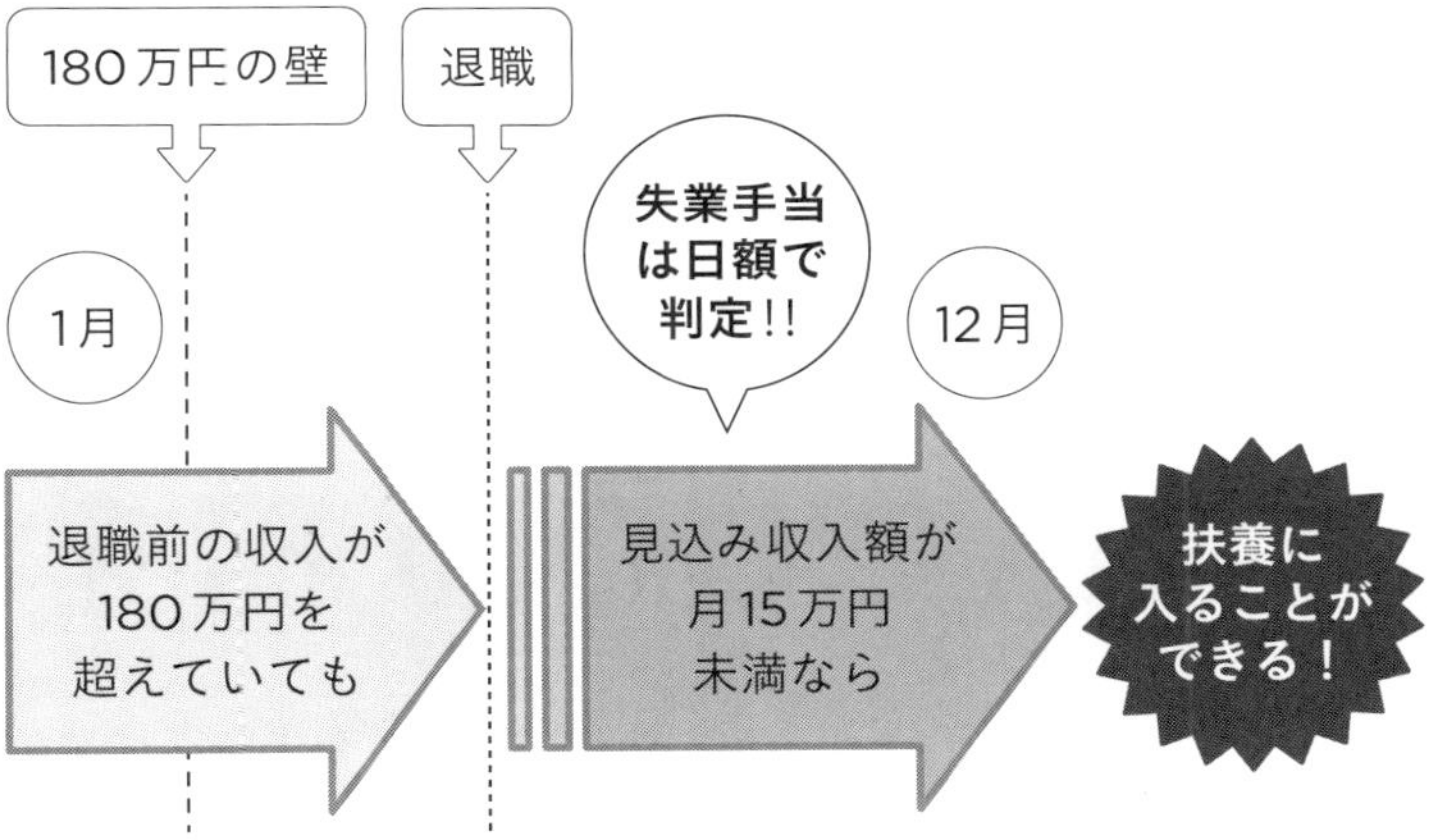

※金額は60歳以上の場合

○失業手当受給中も扶養に入れる！

実は、高額な失業手当をもらっていても税金上の扶養には入れます。**失業手当は非課税なので、扶養を判定する所得としてカウントされない**のです。ですから、それ以外の所得が48万円以下（配偶者の扶養であれば133万円以下）なら、扶養に入れます。

一方、社会保険の扶養は、失業手当については日額で判定します。日額が5000円（60歳未満は3612円）以上の場合は、社会保険の扶養には入れません。ただし失業手当の給付終了後の見込み収入が扶養のラインを下回っていれば、その時点から社会保険の扶養に入ることができます。

POINT

23

会社を作るなら年収1000万円を超えた年の2年後がいい

「個人事業主」でいくか「法人」にするかの考え方

最初から「法人」にすると後悔するケースも多い。

所得600万円くらいが
「法人」化の目安と言われているが……。

消費税の負担が大きいので、
免除期間を最大限に使ったほうがトク!

「会社を作るか」「個人事業で始めるか」。

起業をしようと思った時に、ここで迷う人も多いでしょう。

中には、最初から迷わず会社を設立して始める人もいますが、後悔する人も多いです。

何も考えず会社を設立していいのは、「会社にすることで得られる信用」が欲しい人です。「取引先が会社でないと付き合ってくれない」とか「会社のほうが営業しやすい」というような場合を除き、あわてて会社を作るのは、得策ではありません。

特に退職後の起業で、今までの会社員時代の経験や人脈を活かして身の丈で事業をしていこうというなら「個人事業スタート」で十分です。

起業のスタートが個人事業のほうがいい主な理由には次の3つがあります。

①手軽に費用をかけずに始められる
②経理処理が簡単
③社会保険に加入しなくていい

まず第一に、個人事業のほうが、トータルコストが安いことです。

会社は、設立するのに大体30万円前後の費用がかかりますが、個人事業は税務署に「事業始めます！」という用紙を出すだけでスタートできます（p129参照）。

経理処理も会社のほうが大変。個人事業の場合は、所得税の確定申告が必要になりますが、自分で申告をする人も多くいます。しかし、会社になると、しっかりとした帳簿を用意しなければいけませんし、**法人税の申告書を作成するのは難しいので、ほとんどの人が税理士に依頼する**ことになり、ここにも毎年、十万～数十万円単位のコストがかかります。

また、会社は儲けの有無に関係なく必ず払わなくてはならない「均等割り」という地方税があります。**赤字で儲けがなくても、最低7万円を必ず払わなくてはならない**ので、負担感も大きいです。個人事業であれば、赤字であれば所得税はかかりません。

それ以上に負担感が大きいのが社会保険料です。

個人事業は従業員が5人未満であれば、社会保険に加入する必要はないので国民健康保険でいいですが、会社は、**給料をもらうのが社長1人しかいなくても、社会保険に必ず加入しなけ**

ればいけません。

社会保険料は、会社と従業員が半分ずつ負担することになっています。

サラリーマンであれば、半分の負担ですみますが、自分の会社だと、自分の分は会社負担分と従業員負担分の両方を負担することになり、国民健康保険と比べて高額になる可能性が大です。

また、年金も個人事業なら国民年金となり、60歳以上は払わなくてよくなりますが、会社だと、厚生年金の保険料は70歳になるまで負担しなければなりません。

○会社を作るなら、年収1000万円を超えた2年後がいい

スモールスタートしたはずの事業も、売上がどんどん増えていくなら、所得税より法人税のほうが安くなるので会社にすることも検討するとよいでしょう。会社設立の目安は、所得（儲け）で600万円くらいと言われることが多いですが、**私は、「消費税」を基準に検討するのがいいと思っています。**

消費税は、事業をやっているすべての人が払うというわけではありません。

消費税を払うのは、2年前の売上が1000万円を超えた時。2年前の売上が基準になるのです。事業を始めた最初の2年は、基準になる年がありませんから、仮に1000万円以上の売上があっても基本的には消費税はかかりません。

1年間の売上が1000万円を超えた年の2年後に個人事業を廃業して、会社を設立すると個人事業者として消費税を払う必要はなくなります。

さらに、新しく作った会社には、基準とする2年前の売上がないので、個人事業と同様、開業後最初の2年は、消費税はかかりません（会社の資本金を1000万円以上にしてしまうと初年度から消費税がかかってしまいます）。

つまり、**個人事業からスタートすることで、最高4年間消費税の支払いを免れることができるのです。**消費税の負担は大きいので、この節税効果は、侮れません。

ただし、会社にすることで余計なコストがかかることもあり、上記のタイミングが万人に最適とも言えません。会社にするか悩んだ時は、税理士に、税金だけではなく、付随してかかるコストも含めた損得のシミュレーションを頼むことをおすすめします。

POINT

24

「小規模企業共済」に入れば、年間25万円程度節税になる

個人事業主の節税方法ベスト1はこれ!

個人事業主や小規模企業の役員などが自分の退職金を作るための制度。

月額最高7万円全額所得控除できるので税率30%なら年間25万円も節税。

50代なら、iDeCoも併用しよう。

「個人事業を始めるのですが、何かいい節税方法はありませんか？」と尋ねられたら、最初に思い浮かぶのが**「小規模企業共済制度」**とp81で説明したiDeCoです。

「小規模企業共済制度」とは、個人事業主や小規模な企業の役員のための退職金制度です。サラリーマンと違い、個人事業主や小さな会社を経営している人は退職金を自分で用意しなければいけません。節税しながら退職金を作る手伝いをしてくれるのが、この制度です。iDeCoと違って、加入年齢にしばりがありません。

掛金は、月額1000円～7万円の範囲内で選択します（500円単位）。掛金を積み立てて、事業をやめる時に退職金として受け取ります。利息もちょっぴりかもしれませんが、つくこともあります。

ただ、なんといってもすごいのは、その節税効果です。**小規模企業共済の掛金は、全額を所得控除として、所得金額から差し引いてくれるのです。**

仮に、掛金を月額7万円とすると、年間84万円積み立てることになりますが、この額を税金計算上引いてもらえるので、その分税金が安くなるのです。

この場合の節税額は、その人の税率によって変わりますが、仮に、所得税と住民税をあわせた税率が30%の人であれば、84万円の30%、年間約25万円が節税になるということです（所得税の税率は5~45%、住民税は一律10%。稼ぎが多いほど税率は高くなります）。

いまどき、年利30%の運用商品なんて、怪しいビジネスにだってありませんよね。ですから、個人事業主で節税したいのであれば、まずは「小規模企業共済」なのです。

○小規模企業共済のデメリットは知っておけば対応可能

こんなにおいしい制度にもデメリットはあります。とはいっても、どんなデメリットがあるのかを知っていれば、恐れるほどのことではありません。

小規模企業共済のデメリットは主に2つです。受け取る時に税金がかかることと、途中解約や減額をすると元本割れすることがある、ということです。

①受け取る時に税金がかかる

事業をやめた時に一括で受け取る場合は、退職金として税金がかかります。ただ、退職金の

小規模企業共済で退職金を積み立てると

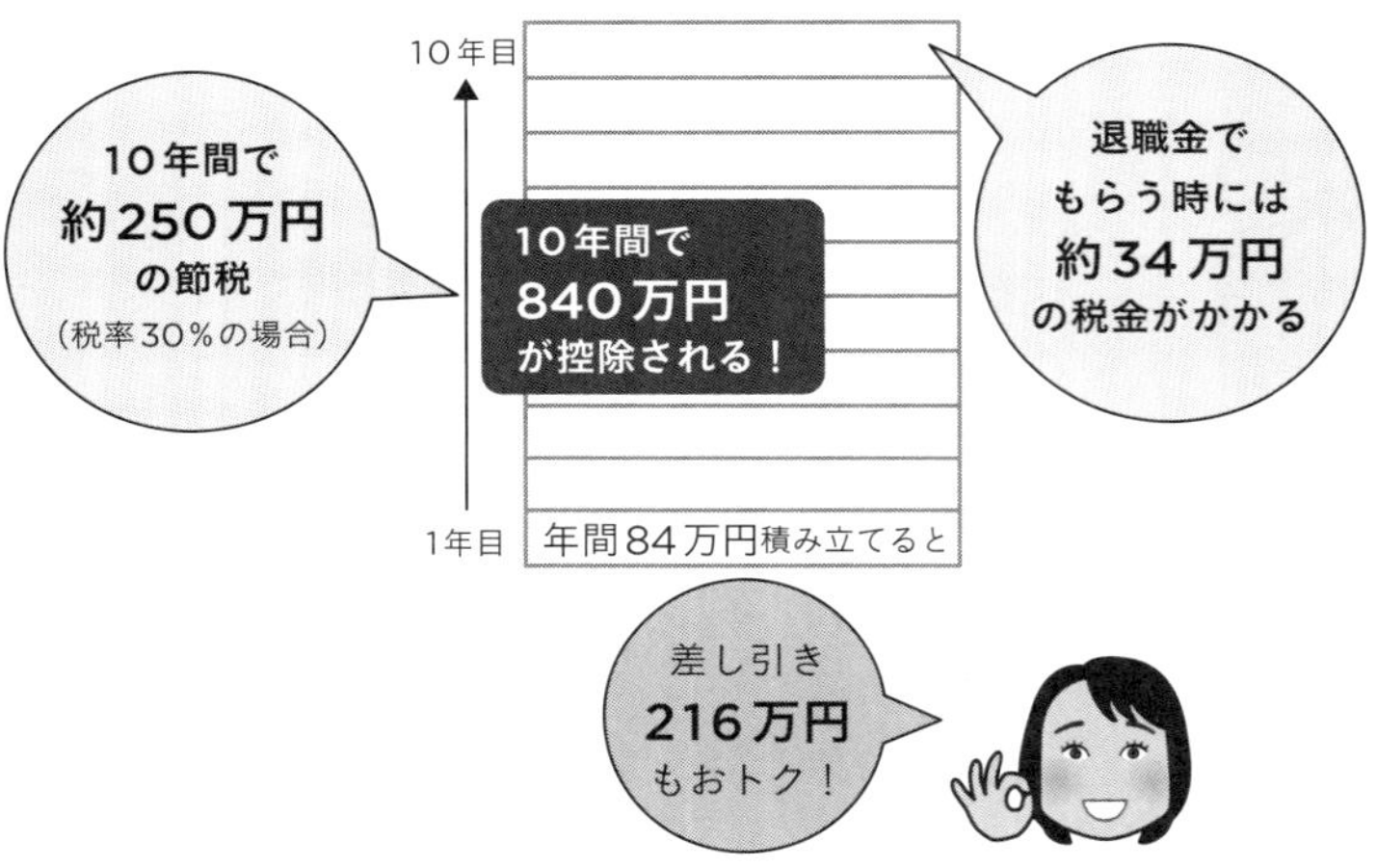

税金は、第1章で説明した通り、退職所得控除や2分の1課税など恵まれた条件です。

仮に開業時から年間84万円を積み立てて、10年後に事業廃止して840万円を退職金として受け取る場合にかかる税金は約34万円です。

事業をしていた間、仮に税率30%であれば、毎年約25万円ずつ、10年間で約250万円節税できていたことになりますから、トータルで250万−34万円＝216万円、手取りを増やせるということになります。

受け取り方は、年金型で受け取ることもできますが、その場合は公的年金等として課税されます。基本的には一時金で受け取ったほうが有利です。

もし途中で亡くなってしまった場合は、死亡退職金という扱いになり、相続税の対象となります。死亡退職金は、法定相続人の数×500万円までが非課税です。仮に法定相続人が3人いる場合は、1500万円までは非課税で受け取れるということです。

②途中解約や減額をすると元本割れすることがある

加入後1年未満で解約した場合は、1円も戻ってきません。また、加入後20年未満で解約した場合は、元本割れする可能性があります。

途中で掛金を減額した場合も、元本割れしてしまう可能性があります。

こう聞くと、なんだか怖い感じもしますが、要は、解約や減額をしなければいいのです。そのためには、無理のない金額で始めることです。途中で増やす分にはペナルティはありません。

小規模企業共済は、儲けがなくて税金がかからない時には効果のない積み立てです。利益が出るとわかった時から始めることをおすすめします。

掛金は前納することができ、支払った年に所得控除が受けられます。ですから、儲けが出るとわかった時から加入し、その年に大きな控除を受けたければ、数か月分をまとめて支払うということもできます。

ミヤコ先生
教えてください!

いまさら
聞けないお金の
はなし
2

社会保険料と扶養

社会保険料って、実は震えるほど高いのに、あまり気にしてないサラリーマンが多いですね。

仕組みが税金以上にややこしそうで……。

確かに、税金より複雑でわかりにくいので、簡単に説明しますね。

まずサラリーマンが払っている社会保険料は

①健康保険料(40歳以上は介護保険料含む)
②厚生年金保険料
③雇用保険料

の3つです。

健康保険料と介護保険料を支払うことで、健康保険や介護保険が使えますし、厚生年金保険料を支払うことで、老齢基礎年金と老齢厚生年金が受給できます。また雇用保険料を払っていると失業手当や様々な給付金をもらえます。

それぞれ、いったいどのくらい払っているんですか?

①は加入している健康保険によって料率が

違うのですが、協会けんぽ（東京都）の40歳以上を例にとると、報酬の11・66％。②が一律、報酬の18・3％です。合わせると報酬の30％近くになりますが、これを事業主と個人で折半して払うので、個人負担分は①②合わせて15％くらいです。

③の雇用保険料は？

雇用保険料は、業種によって違いますが基本、報酬の0・9％。それを、事業主と個人が2：1で払うので、個人負担は0・3％程度と健康保険や年金に比べて激安です。

社会保険料の負担は重い

社会保険料は、税金と違って、報酬にかかるんだ！　「控除」とかないんですね。

そうなんです！　だから負担が重いし、しかも税金みたいに累進でもなく一律にかかる。年収500万円くらいで料率が15％だと、年間約75万円も払ってます。

ちなみに、年収ベースですか？

いえ、正確には「標準報酬月額」がベースになります。「標準報酬月額」は、4、5、6月の3か月間の報酬（給与・手当・通勤費）の平均額を、区切りの良い幅で区分したもの。だから4月から6月に残業して報酬が多くなると、年収が変わらなくても社会保険料が上がることもあるんですよ。

定年後も健康保険・介護保険料は払う

会社を辞めても、これらは支払うんです

か？

①の健康保険＆介護保険料については、p188で詳しく説明していますが、誰かの扶養に入らない限りは、社保か国保などの違いはあっても基本的には、死ぬまで支払い続けます。

ひえ――。

②の厚生年金保険料は、厚生年金を通じて国民年金も払っているという二階建構造です。60歳前で会社を辞めた場合は、60歳になるまで国民年金のみ自分で支払います。会社に勤めている間は70歳まで厚生年金を払い続けます。③の雇用保険料は、会社を辞めたら払わなくてOKです。

社会保険料、モトは取れるの？

しかし、これだけ、払っていてモトは取れるんでしょうか？

雇用保険は、安いわりに失業給付などの額が大きいので、給付をもらえばモトが取れるでしょうね。他はどうでしょうか。

年金は受給年齢もどんどん後ろ倒し。

国民年金部分は老齢基礎年金、厚生年金部分は老齢厚生年金として受け取りますが、どちらも原則65歳からです。

健康保険や介護保険はどうですか？

医療費の自己負担は、0～6歳までが2割、6～70歳が3割、70～74歳が2～3割、75歳以降が1または3割、介護保険は、1～3割です。

自己負担率に1～3割などの幅があるのはなぜですか？

それは、収入によって自己負担率が変わるから。だから、年金をたくさんもらいすぎると、払う保険料も増える上に、医療費や介護保険の自己負担額も増える可能性があることは覚えておいたほうがいいですね。

社会保険料、地味におそろしいですね。控除もないから節税的なこともできにくい。

そうですね、社保の裏ワザは「扶養」を駆使するくらいですかね……。

扶養を駆使！

そもそも扶養って……

p135でも説明しましたが、「扶養」には「税金の扶養」と「社会保険の扶養」があります。税金の扶養は所得が48万円以下（配偶者は133万円以下）、社保の扶養は、年収が180万円未満（60歳以上の場合。条件などは組合によって違うので要確認）。年収180万円未満なら、家族の社保に「扶養家族」として〝タダで〟入れるわけです。しかも社保の収入の判定は、過去の稼ぎでなく、今後の「見込み収入額」で決めるので収入の見込みが立たないうちは扶養に入っておくとおトクです。

扶養している人も、追加で保険料払わなくていい？

ハイ！何人、扶養家族がいても一緒です。

なんと、太っ腹な。同居してない家族でも大丈夫ですか？

「生計を一にしている家族」つまり一定の仕送りをしてもらっていると証明できたら、離れて住んでる家族でもＯＫです。具体的な条件などは各健保にご確認ください。

たとえば、離れて住んでる会社員の息子の扶養に入れる可能性もあるわけですね。

そうなんです！　実は、税金上の扶養も、離れて住んでいても「生計が一」の家族なら入れます。仕送りは前提ですが、税金上の扶養は仕送り額などの条件はないです。

それはかなりグレーな言い回し（笑）。税金の扶養は、「扶養している側」の扶養控除が増えて節税になりますよね。

その通りです！　税金の扶養に入れる親族は幅広く、子はもちろん自分や妻の父母や祖父母、叔父叔母なども入れます。自分が働いている子どもの扶養に入れば子どもの税金が安くなりますし、もしご自身がまだ稼いでいるなら、年取った親族を扶養に入れるとご自身の節税になります。

扶養家族の人数分、扶養控除してもらえる？

10人扶養家族がいれば10人分扶養控除できるんです。

そ、それはいろんな親族に仕送りしたくなりますね！

第 5 章

「住まい」のお金を最小化

「どこに住むか」は老後の支出を決める最大の要素

定年後、どこでどう暮らすのか、考えたことはありますか？

定年退職は、今後の住まいや暮らし方を考えなおすよいタイミングだと思います。

子育てをしながら毎日通勤をしていた現役時代に合う住まいと、これからの老後生活を豊かに過ごすための住まいとでは、必要な条件が変わってくるのではないでしょうか。リモートワークや在宅ワークが進めば、たとえ働いていても職場の近くに住む必要性も薄れてきます。

今の家族構成にあった家へダウンサイズする、または、通勤の便にこだわらず、住環境のよい場所に引っ越すなど、定年退職をきっかけに住まいについて考える人も少なくないようです。

一方で「自分が稼いで建てたマイホームを簡単に手放せない」と思う方もいると思います。

もちろん、思い出の詰まった家に住み続けることを否定するつもりは毛頭ありません。

しかし、**老後の「支出」を決める最大の要因は、「どこでどう暮らすか？」**です。家にかかる費用だけでなく、生活費にかかる物価も住む場所によって異なります。住み替えを行うことで、快適に住みながら、かかるお金を減らせる可能性が大きいのであれば、住まいの在り方について一度検証してみてもよいのではないでしょうか。

○最終的に自宅をどうするかも考えよう

自宅は多額の資金がかかる大きな資産です。資産である不動産で大切なのは「出口戦略」（最終的にこの家をどうするつもりなのか）です。今の家に一生住むのか。一生は住まないとしたら、いつまで住むのか。住み替えるとしたら、買い替えか、賃貸か、老人ホームか。

一生住むとしたら、自分たちが死んだあと、子どもたちが住む可能性はあるのか？　子どもたちが住まないとしたら、この家は売れるのか？　など自宅を最終的にどうするつもりか、という**「出口戦略」について、家族で話し合うことも大切です。**

どこでどう住むのかによっては、かかるお金が大きく変わるのはもちろんのこと、生活自体も変わることになります。定年退職をきっかけに、老後をどう暮らしたいのか、改めて考えてみてはいかがでしょうか。

POINT

25

住宅ローンは、退職金で「一括返済」すべきか、すべきでないか？

ポイントは「手元資金」と「金利」で見極める

低金利なら一括返済しないで、
返済分を積立投資などに回す。

高い金利で返済しているなら、一括返済も検討。

団体信用生命保険の保険料は、
安くておトクなことが多い。

退職時点で住宅ローンが残っていた場合、「退職金で一括返済すべきか？」という問題が出てきます。

専門家といわれる人たちの間でも「退職金での一括返済」に対しては賛否が分かれています。

賛成派の理由は、**「利息の無駄だから」**。

否定派の理由は、**「無理に返して、生活費が足りなくなると困るから」「住宅ローンには、団信という保険がついていて、死んだら返さなくてよいから」**など……どちらも一理あるな、という感じです。

では、どうすればいいのか？

答えは、前提条件によって変わってきます。どっちがいいのかなんて、人によって違うのです。では、「自分は一括返済すべきかどうか」をどう見極めればいいかについてお話しします。

次ページの表を見てください。

AさんとBさんを比較してみてください。

住宅ローンの金利が違うAさんとBさんの比較

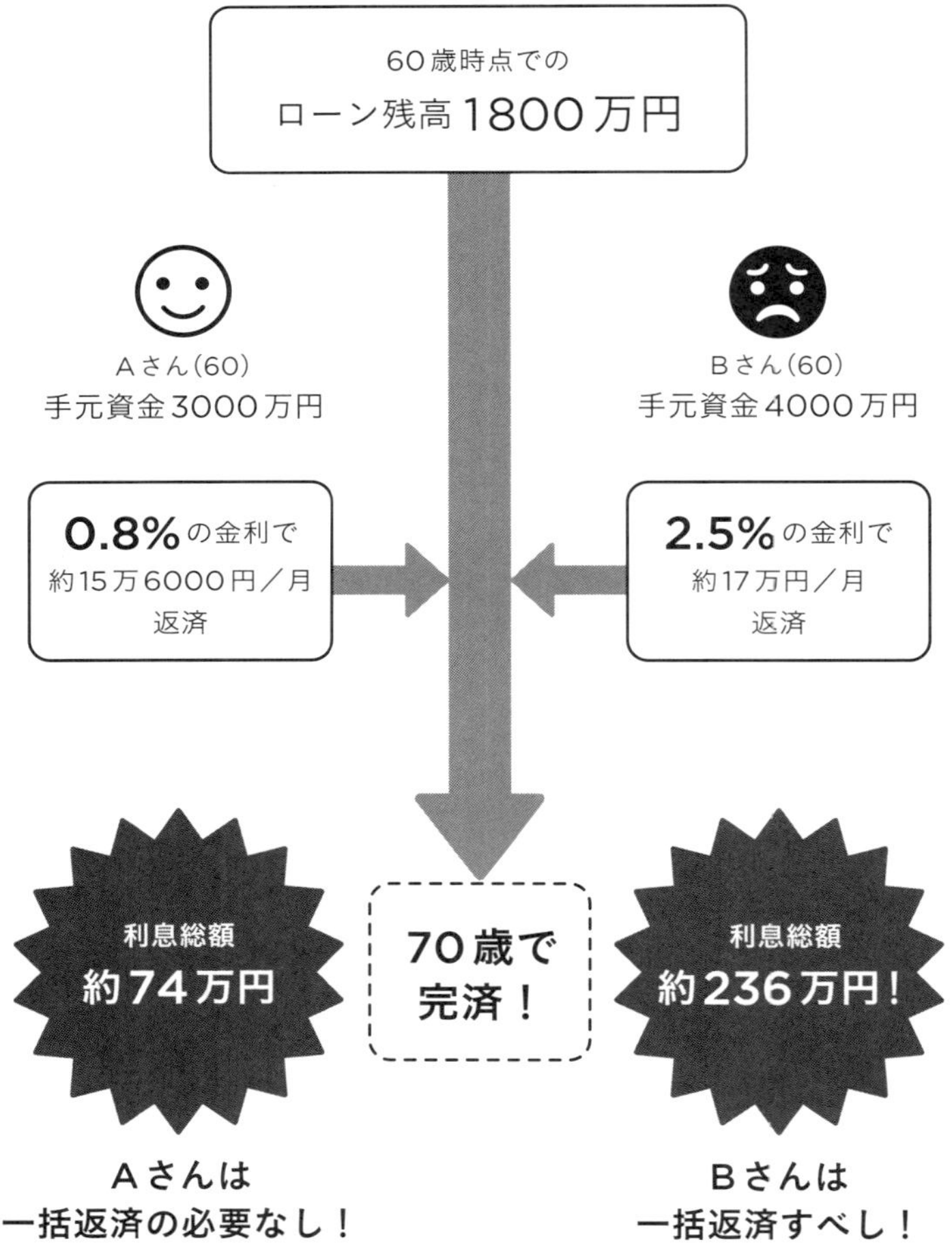

ローンを一括返済すべきかどうかの指針がなんとなくわかりませんか？

ポイントは「金利」と「手元資金の額」です。

AさんもBさんもローンの残高、返済期限は同じ。でも、利率が違うため、Aさんは、10年間で約74万円弱、Bさんは、10年間で約236万円も利息を負担することになります。

Aさんは、60歳の手元資金が3000万円なので、1800万円を一括返済すると、手元資金は1200万円になってしまいますが、Bさんは手元資金が4000万円ありますので、一括返済しても2200万円の現金が残ります。

○1・5％以上の利率で利息が100万円を超すようなら一括返済を検討

今は、空前の低金利時代です。借り換えの住宅ローンで変動金利0・4％前後という商品もあります。私の友人が25年前に自宅を買った時の住宅金融公庫の金利は、4・2％だったといいますから、驚きの低金利です。

今借りている**住宅ローンが1％程度の低金利ならば、基本的には一括返済する必要はないと**

思います。資金が潤沢にあって、「金利を払うのがいやだ」というのであれば、一括返済してもいいと思いますが、個人的には**一括返済せずに資金に余力が生まれたら、積立投資などの運用に回したほうがいい**のではないかと思います。

積立投資では長期投資で3～4％の利回りが期待できるといわれていますから、ローンで払う金利以上の利益を生める可能性があるというわけです。

しかも、**払っている利息には、通常、団体信用生命保険（団信）の保険料も含まれています**。団信は、借りている人が亡くなったらローンを返さなくてもよくなる保険です。金利が安いのであれば、今から保険に入るよりも割安に保険に加入している、と考えることができます。

一方、Bさんのように高い金利の場合は、利息負担を考えると一括返済がおすすめです。**目安としては、1・5％以上の利率で100万円を超す利息を払うような場合**。ただし、一括返済をして、手元資金が2000万円を切ってしまうようであれば、老後資金として少々心もとなくなってしまいます。

その場合は、**金利の低いローンへの「借り換え」や「繰り上げ返済」も検討**してみましょう。

「借り換え」を検討する時は、利率だけではなく、事務手数料もしっかりチェックしましょう。**借り換え時の事務手数料は、地味に高いので要注意**です。利息が安くなっても、それ以上に事務手数料がかかってしまう、などということも可能性としてはあります。

「繰り上げ返済」を検討する場合は、「返済額軽減型＝返済期間を変えずに月々の返済額を減らす」と「期間短縮型＝返済額を変えずに返済期間を早める」のどちらかを選ぶことになります。

利息を減らす効果は、「期間短縮型」のほうが高く、返済総額が少なくなるのでおすすめです。

「繰り上げ返済」は、返済できる金額や手数料などの条件があります。

「いくら返済するとトクか」、「返済期間をどうするか」、など、借入先の金融機関に相談して**手数料も含めたトータルの支払い額がより少なくなる方法を選択してください。**

POINT 26

リフォームか、住み替えか？損得を正しく判断する方法

どちらも「総コスト」で判断するのが大事！

リフォームしても、躯体に不具合があればその後も修繕費がかかる。

今の家族構成にあった狭い家、または、家賃の安い場所に引っ越すと、生活費を圧縮できる。

今の持ち家を「売る」か「貸す」かすれば新たな収入源となる。

現役時代に手に入れたマイホームであれば、あちこちにガタが来ている可能性も高いと思います。子どもも巣立ったし、退職を機に、間取り変更や水回りを新しくして快適に住もうと考える方も多いと思いますが、その際、**リフォームのコストと「この家にあと何年住めるのか」の見合い**について考えてほしいと思います。

仮に30代で購入した家であれば、そろそろ築30年。高いコストをかけてリフォームをすると、1000万円近くのリフォーム費用がかかることも珍しくないでしょう。これだけのコストを払ったとして、果たしてこの家があと何年くらいもつのだろうか、ということを考えてみてほしいのです。

リフォームをしても、家の躯体《くたい》そのものに不具合が出てくれば、それ以降も修繕費がかかってきます。屋根の葺《ふ》き替えや外壁塗装、シロアリ駆除（ちなみにシロアリ駆除は確定申告で雑損控除できます）など色々な費用がかかって、結果的に「リフォームせずに建て直したり、住み替えたほうが安くあがった」なんてことにもなりかねません。高額なリフォームを検討している場合は、今一度冷静に考えてみてください。

○住み替えなら、総コストで判断を

住み替えを検討する場合、**今の家を売るか貸すか、という選択肢**が出てきます。
基本的には、売却すれば一度に大きなお金が手に入ります。自宅は売っても税金はそれほどかかりません（p173参照）。自宅を無税で売却し、売却した金額よりも安い家を購入できれば、その差額を現金として手に入れることができるわけです。

ただし、住み替えにはコストがかかります。またその後のランニングコストについても一緒に考えておきましょう。

仮に、今の家を4000万円で売却して、住み替え用の家を3000万円で購入すると、1000万円のお金が手に入るように見えますが、実際の手残りはもっと少なくなります。

不動産は買う時も売る時も不動産屋さんへの手数料がかかります。手数料は、上限が決められていて「売買価格の3%＋6万円（税別）」です。仮に、このケースで言えば4000万円で売った時に約139万円、3000万円で買った時に約106万円かかります（手数料は交渉次第で安くすることは可能です)。

それ以外にも不動産の名義変更に50万円前後、引っ越し代に20万円くらいかかったとして、これだけで、トータル300万円以上かかることになり、手残りは700万円以下です。また、不動産取得税という税金がかかることもありますし、住宅ローンの残債があれば、その分も手残りが減ります。

ランニングコストの比較も重要です。仮に、住み替えの手残りが少なくても、その後のランニングコストを抑えることができれば、トータルコストを下げることができますし、逆もまたしかりです。ランニングコストとして加味したいのは、

・固定資産税
・管理費
・保険料
・修繕費　など

駅から遠い戸建てから駅近のマンションへ転居した場合など、毎月の管理費がかかるようになったり、固定資産税が高くなることもありますから要注意です。

貸す場合は利回りを計算する

持ち家を今すぐ売りたくないという場合には、「貸す」という選択肢もあります。貸すということは、資産運用をするということですから、利回りは知っておきたいところです。

利回りの計算方法は、

表面利回り＝（この家を貸した場合の年間家賃）÷（今この家を売った場合の金額）です。

目安としては、**最低で4～5％は欲しい**ところです。4000万円で売れる自宅であれば、年間160万円の家賃収入はほしいということです。そして、不動産投資は出口戦略も重要です。

3年間だけ貸して特例を使って売るのは、最も賢い方法

売値があまり上下せず、買い手も比較的つきそうな人気物件であれば、貸せるところまで貸してから売るという方法もあります。売却益が出そうな物件であれば、**3年間だけ賃貸に出して、その間家賃収入を稼ぎつつ、「住まなくなってから3年以内の自宅の売却は無税」という**

特例（p175参照）を使って売却、というのも賢い方法です。

ちなみに、「3年間だけ貸したい」「家賃保証を受けたい」という時には、一般社団法人移住・住みかえ支援機構（JTI）の「マイホーム借上げ制度」（https://www.jt-i.jp/index.html）もおすすめです。50歳以上の人の自宅を借り上げてくれる制度で、1人目の入居者が入って以降は、空室になっても家賃を保証してくれます。入居者との契約は「定期借家契約」なので、「3年間だけ」というように、期限を区切って貸すことができます。家賃収入は、一般の家賃よりも少なくなりますが、検討の余地はありです。

新しく家を購入する時は、夫婦の共有名義にすることも検討してみてください。婚姻期間20年以上の夫婦であれば、「住んでいる家もしくは、家を購入するための現金2000万円までは贈与をしても贈与税がかからない」という特例があります。

相続税がかかるような人なら、この特例を利用して、自宅を購入する費用を妻に贈与して夫婦の共有名義にすると、夫の相続財産を減らすことができて相続税の節税になります。

共有する時は、夫婦ともに家と土地を持ち分で持つことをおすすめします。万が一売却をすることになった場合に、このあと紹介する「自宅を売った時の特例」を受けるためには、家屋と土地を一緒に持っている必要があるからです（p175参照）。

POINT

27

探せば見つかる！100万円単位で住宅補助費用が出る自治体

地方移住も選択肢に入れれば
住宅費用はコンパクトに

親世帯と子育て世帯が同居・近居すると
住宅補助が出る制度がある。

「地方移住」も視野に入れると住宅費はぐっと
下がる。

ネットで検索すれば見つかるので、
情報収集力を高める！

「退職後は賃貸に住む」という選択肢もありますが、賃貸は「長生きすると家賃がかかり続ける」ので、家賃はなるべく抑えたいところです。

家賃を抑えることができれば家を売った資金をより多く老後の生活費に充てることができます。また、持ち家を賃貸に出してその賃料の範囲内の家賃で住むという選択肢もありです。たとえば、今の家を月15万円で貸して地方に引っ越し、自分たちの家賃を8万円に抑えることができれば、差額は生活費に回すことができます。

◯探せば様々な家賃補助や助成制度がある

60歳以上の単身者や夫婦世帯なら、**高齢者向け優良賃貸住宅**に住み替えると家賃補助がもらえる制度などがありますので調べてみましょう。

また、自治体によっては、**子育て世帯と親世帯が同居・近居する場合、支援をしてくれる制度**があります（次ページの表を参照）。「親が子どもの子育てを手伝う」「子が親の介護を支える」ことで、それぞれにかかる負担を軽減する目的で作られた制度で、支援内容は、転居にかかる費用や住宅取得費用の助成、自治体で使える商品券の交付などいろいろあります。親や子との同居や近居を検討しているならば、事前に制度の確認をしてみましょう。

子育て世帯と親世帯が同居すると助成が受けられる例

●**東京都墨田区**　新築の場合は**50万円**、中古住宅の場合は30万円助成。

●**千葉県千葉市**　1年目に最大50万円（市内業者の施工だと**最大100万円**）、2～3年目には最大15万円助成。

●**千葉県松戸市**　近居50万円、同居75万円、市外からの移住は25万円を加算で、**最大100万円**助成。

●**福島県いわき市**　基本助成金50万円に加え、子の数と市外からの移住かどうかによって加算され、**最大110万円まで**助成。

「三世代同居・近居支援事業」「●●県」
で検索してみると、●●県内で
実施している市町村がわかります

○地方移住は、様々な支援が

地方移住に関しては、様々な支援を行っている自治体が数多くあります。

他所から移り住む人向けに土地を格安で貸してくれる「定住促進宅地」なども、賃貸を検討するなら確認してみるといいでしょう。

支援を行っている自治体はネットで検索すると数多く見つかりますので、生活コストの安い地方でのんびり暮らす、という老後を考えている方は、検索してみてください。

多くの自治体が体験ツアーを実施しています。リアルな地方暮らしを体験して、老後の生活の場として検討してみるのもよいのではないでしょうか。

POINT

28

自宅は住まなくなって3年以内に売ると、最大600万円のトク

必ず、自宅を売却する時の「特例」を使う!

住まなくなって3年以内に自宅を売った場合、3000万円の儲けまでは税金がかからない。

この特例を使えると使えないとでは、最大600万円も税金が違う。

この特例は、自宅を賃貸に出している場合でも使える。

不動産売却の時にかかる税金

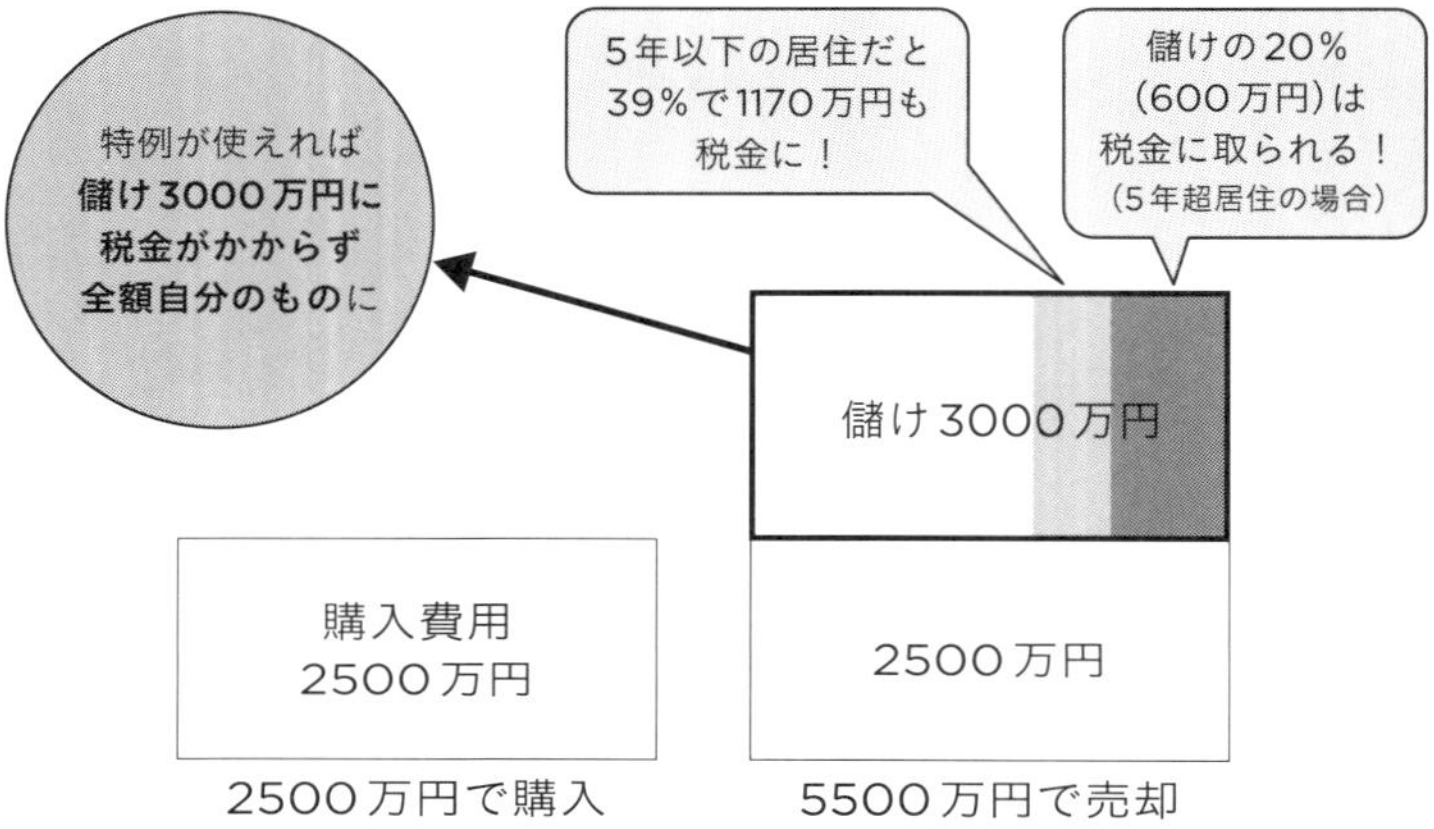

＊減価償却や経費は加味していません

自宅の売却を検討する時に「税金がどのくらいかかるのか心配」という方も多いと思います。不動産の売却は、大きなお金が動くので、高い税金がかかるのでは？　と思うかもしれませんが、**税金がかかるのは、買った時よりも高く売れた時（儲かった時）だけ**です。

仮に、2500万円で買った自宅を5500万円で売って、3000万円の利益が出たとします。通常、3000万円の利益が出ると、所有期間が5年超の場合は600万円、5年以下の場合は1170万円もの税金が取られます。せっかく、3000万円儲かっても、税金で1170万円も取られてしまったら、大変です。

でも、**「自宅」を売却した時には「3000万円の儲けまで税金がかからない！」おトクな特例**があるのです。これを使えば、先ほどの例でも税金はゼロになります！

「居住用財産を譲渡した場合の3000万円の特別控除の特例」という長〜い名前のこの特例を使えるかどうかで、自宅を売った手残りが大きく変わることになります。

税金の特例全般に言えることですが、大きな節税効果のある特例には、必ず条件があります。この特例を受けるための条件は、次ページの表の通りです。

「住まなくなってから3年後の12月31日までに売却」という条件はありますが、その間に家を人に貸して家賃をもらっていても、特例が利用できます。

気を付けたいのは、**この特例は「家」を売る時のものなので、「土地」だけを売る時には使えない**ということ。家と一緒に売れば、土地部分にも使えます。

「家」は妻名義、「土地」は夫名義、というような場合、妻は「家」を売るので特例が使えますが、夫は「土地」だけを売るので特例は使えません。自宅を共有名義にする時は、それぞれ家と土地をセットにして持つようにしましょう。他の条件も満たせば、**夫婦2人の共有なら、**

持ち家売却時、3000万円の特別控除の特例を受ける条件

①
自分が住んでいる家を売る、
もしくは家と一緒に
敷地を売る

②
住まなくなってから
3年後の12月31日までに
売却すること

③
売却する相手が、
夫婦や親子など
特別な関係ではないこと

④
確定申告をすること

3000万円の2人分、最大6000万円の儲けまで税金がかかりません。

家を取り壊して更地で売る時は、取り壊した日から1年以内に売買契約を締結すれば、特例が利用できます。ただし、貸駐車場など他の用途に利用していないことが条件です。

家を売る相手が、夫婦や実の親子などの場合はこの特例は使えませんが、**子どもの夫や妻に売れば特例が使えます**。ただし、そのあとも、自分がその家に住み続ける場合は、NGです。

また、この特例は「住宅ローン控除」とは併用できません。ローンを組んで自宅の買い替えをした場合は、住宅ローン控除とこの特例のどちらかを利用することになります。

POINT

29

リバースモーゲージは、そんなに“おいしい”話ではない

何が何でも今の家に住み続けたい人にしか
メリットはない⁉

リバースモーゲージは、持ち家はあるが
手元資金が少ないという人への救済制度。

想定以上の長生き・金利上昇・不動産価格下落の
リスクあり。

売った自分の家を借りて住む「リースバック」も
おトク感は少ない。

自宅を担保に銀行から老後資金を借りる「リバースモーゲージ」という制度があります。老後2000万円問題もあり、老後資金に不安を持つ人が増えています。実際問題、老後資金が足りなくなれば「家を売ってでも現金を作るしかない」なんてことにもなりかねませんが、どうしてもこの家に住み続けたいという人もいるでしょう。でも「リバースモーゲージ」なら、**銀行が老後資金を貸してくれるというのです。**

通常、高齢で収入もない人に銀行はお金を貸しません。でも「リバースモーゲージ」は、自宅を担保にすれば、お金を貸してくれて、しかも生きているうちは、ローンの返済をしなくていいというのです。**ローンを返すのは、借りた本人が亡くなった後。担保にしていた自宅を売って一括返済します。生きている間に払うのは利息だけです。**自宅を手放したくない場合は、借入金を返済すれば家を取り戻すこともできます。「リバースモーゲージ」を利用すれば、生きている間自宅に住み続けながら、老後資金を手にすることができるというわけです。

○リバースモーゲージの金利は高い!

何だかすごくいい話にも聞こえますが、お金を貸してくれる銀行も商売ですから、そうそう

リバースモーゲージのデメリット

① **利息が高い!!**

② **自宅の場所や種類によっては、借りられない場合もある。**

③ **不動産価格が下がると、自宅を売却した代金で借り入れを返しきれないことも！**

④ **思ったほど借りられないこともある。**

⑤ **推定相続人全員の同意が必要。**

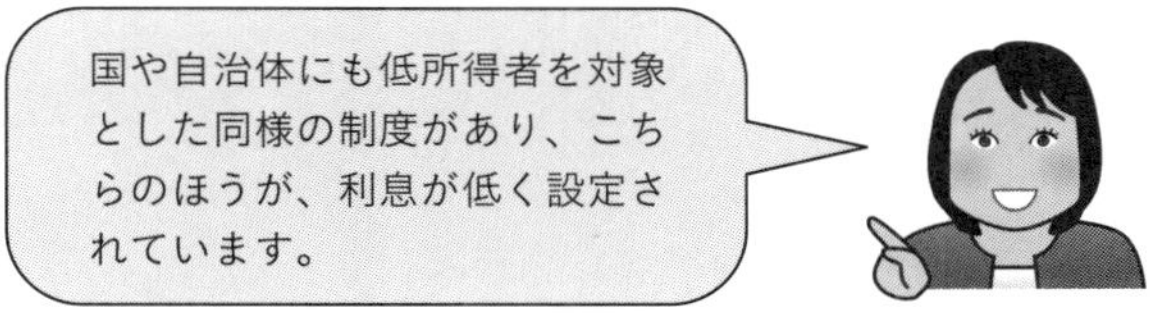
国や自治体にも低所得者を対象とした同様の制度があり、こちらのほうが、利息が低く設定されています。

いいことばかりではありません。実際に使うには知っておきたいデメリットもあります。

まず、「リバースモーゲージ」の金利は高い。各銀行の金利を見ても、概《おおむ》ね3％前後と高金利です。仮に2000万円を3％の金利で借りた場合、利息は年間60万円です。

「リバースモーゲージ」なら、生きているうちは元金返済は不要ですが、利息は借りている間ずっと払い続けます。**60歳から90歳まで借り続けた場合、30年×60万円＝1800万円!!もの利息を払うことになる**のです。しかも元金は1円も減っていませんから、亡くなったら家を売却して元金の2000万円を返さなければなりません。

借りられる金額は家の評価額の5～6割程

度で、銀行によって異なります。死亡後、借りている金額よりも家が高く売れた場合は、差額は相続人に払われますが、売った金額が借入金よりも少ない場合は、相続人が足りない分を返済することになります（契約によって内容は多少異なります）。このように相続人を巻き込むことになるため、推定相続人全員の同意が必要です。

マンションや価値の高くない自宅だと「リバースモーゲージ」自体使えないこともあります。やはり、銀行が損をしないような仕組みになっているといわざるを得ません。

「リバースモーゲージ」を利用してもいいのは、「自分が死んだら家を相続する人がいない人」「お金はないが、何が何でも今の家に住み続けたい人」というところでしょうか。

○ 売った自宅を借りて住み続ける「リースバック」という方法も

自宅を売って、売った自宅を借りて住み続ける「リースバック」という方法もあります。売却することで、大きなお金を手に入れ、住み慣れた家を借りて住める、というのがウリのようですが、**「相場より安い売却額、相場より高い家賃」が設定されているケースが多い**ようです。

自宅に特別な思い入れがあるなら別ですが、老後資金を確保するために家を売却するなら、より高く売ってより安い賃料のところに引っ越すべきです。「ウマい話はない」ということですね。

POINT

30

「終《つい》の棲家」は要支援・要介護になってから考えるのでは遅い

80代前半の3割、80代後半の半数以上が
要支援・要介護状態に!

今より高齢化が進むと、
介護施設が足りなくなる可能性もある。

確実に入るためには、どの程度のお金が必要なのか、
早めの情報収集が大事。

「終の棲家」について考えたことがありますか？

現在、**80代前半で3割、80代後半で半数以上の人が要支援もしくは要介護状態にある**といわれています。自分が要介護状態になった時、自宅に住み続けることはできると思いますか？「終の棲家」として、自宅以外の選択肢が少しでもあるならば、いざという時困らないよう、元気なうちに情報収集をスタートし、必要に応じて資金の準備も始めておくべきです。

私の母も要介護状態になった時に、自宅で面倒を見ることができなくなり、高齢者施設を探しました。いざ必要になってから良い施設を探すのは、とても大変です。母が生活する場所ですから「なるべく良いところ」で、しかも「すぐ入れるところ」をと思うとなおのことです。予備知識が全くないところから、情報収集をして、休みの日を利用して1日に何軒も見学してまわりました。気に入った施設があっても、「入居費用が高すぎて入れない」「人気があって順番待ちしないと入れない」ということもありました。母の場合は、娘の私が施設を探しましたが、そういう人がいなかったら、要介護状態の母がどうやって施設を探せばよかったのだろうと思います。納得のいく施設を探すというのは、時間も体力もお金も必要なのです。

老人ホームは「民間施設」「公的施設」×「要介護者向け」「自立した人向け」

高齢者施設には、「元気で自立した生活が送れる人向けのもの」と「介護が必要な人向けのもの」があります。

自立した人向けは、食事や介護を必要に応じて追加できるようになっています。高齢になって自分で食事を作るのが大変、将来的に介護も受けたいというニーズにこたえるものです。

要介護者向けの施設で人気があるのが公的施設の「特別養護老人ホーム（特養）」です。人気の理由は、費用が安いこと。ただし、人気がありすぎて、希望してもなかなか入れません。

一方、民間施設の有料老人ホームは、高いところでは入居金が数千万円もするところもあり、経済的負担が大きくなります。

それぞれの予算感を知っておこう

主な老人ホーム・施設の種類や料金は次ページの表の通りですが、設備や居室の広さ、食事提供の有無や介護の体制などなど施設によって異なります。希望するライフスタイルや予算も含め、納得のいく「終の棲家」をみつけるためには、事前の下調べや資金準備などが必要です。

主な高齢者施設と平均的な費用

民間施設は高いけど、
入りやすい！

公的施設は安いけど、
待ち時間が長い！

種類	民間施設				公的施設				
	主に要介護状態の人対象			主に自立している人向け	主に要介護状態の人対象				主に自立している人向け
	介護付き有料老人ホーム	住宅型有料老人ホーム	グループホーム	サービス付き高齢者向け住宅	特別養護老人ホーム（特養）	介護老人保健施設（老健）	介護医療院	介護療養型医療施設（療養病床）	ケアハウス
認知症の受け入れ	○	△	○	△	○	○	○	○	△
看取り	△	△	×	×	△	△	○	○	×
入居一時金の平均値	348.7万円	89.5万円	8.3万円	24.1万円	0円	0円	0円	0円	39.5万円
入居一時金の中央値	48万円	6.8万円	0円	11万円	0円	0円	0円	0円	0円
月額利用料の平均値	22.6万円	13.6万円	11.9万円	15.8万円	8.7万～12.8万円	7.6万～13.3万円	7.6万～13万円	7.5万～14万円	11.1万円
待ち期間	短い	短い	長い場合も	短い	長い	長い場合も	長い場合も	長い場合も	長い

平均値は高いが、中央値が低いのは、
少数の高額な施設が平均を引き上げている
ということ。

＊みんなの介護（https://www.minnanokaigo.com）などを参考に作成

第6章

「病気」と「介護」に万全の備えを

「寿命」は長いが「健康寿命」は、意外に短い！

2020年に発表された日本人の平均寿命は、男性81・41歳、女性は87・45歳。医療の進化などにより、平均寿命は延びています。ちなみに、1960年の平均寿命は、男性が65・32歳、女性が70・19歳。約60年前と比べて男女ともに「老後」が15年以上延びているということです。

一方で**「健康寿命」（日常生活が健康上制限されることなく送れる期間）は、意外に短く、男性が72・14歳、女性は74・79歳**といわれています（2016年厚生労働省調べ）。

つまり、あなたが今60歳であれば、今と同じように元気で動ける平均的な期間は、男性は12年、女性は15年弱しかないのです。そして、健康寿命から寿命までの間、**男性で約10年間、女性で約13年間は、医療や介護のお世話になる平均的な期間**といえます。

もちろんずっと元気でいられるに越したことはありませんが、この「現実」をちゃんと頭に入れ、その間の医療や介護費の負担にもしっかり備えておかなければならないということです。

健康保険制度はすごいスピードで改悪中

厚生労働省の推計では、1人の人に一生涯でかかる医療費は、2700万円。**そのうちの6割が65歳以降にかかる**といわれています。とはいえ、今の健康保険制度では、医療費の自己負担は1～3割。また、一定額を超えると「高額療養費制度」が、超えた分を負担してくれます。介護費用に関しても、医療費と同様、費用の一部を負担すればいい制度になっています。

しかし、これで安心していいかと問われれば、私はそうは思いません。

今後、高齢化社会が進めば、今の健康・介護保険制度も変わってくるでしょう。

実際、**かつては、70歳以上の高齢者の医療費は無料でした。それが、月4000円等の負担となり、次は「1割」負担。そして、今は年齢や所得によっては「2割」「3割」とすごい勢いで負担が増え、**国の医療保険制度はどんどん改悪されているのです。

この章では将来予測が難しい現在、使える制度を徹底的に活用して医療費を抑える方法と、万が一に備えて個人的に準備しておいたほうがいいことについて説明します。

POINT

31

退職1年目は「健保」の「任意継続」2年目は「国保」切り替えが有利?

会社勤めの妻や子どもの「扶養」に入れれば、
一番おトク!

- 退職1年目は会社で入っていた保険の「任意継続」のほうがトクなことが多い。

- 退職2年目は、1年目に収入があまりなければ「国保」に切り替えが有利。

- 途中退会できないといわれる「任意継続」を1年でやめるには?

退職後、すぐに決めないといけないことのひとつが、「健康保険」をどうするか、です。再就職する場合は、再就職先の健康保険に自動的に加入しますが、そうでない場合は自分でどの健康保険に加入するかを決めて、手続きをしなければいけません。

退職後、再就職しない場合の健康保険の選択肢は3つある

健康保険の選択肢は3つです。

①勤めていた会社の健康保険を任意継続する（2年間）
②国民健康保険に入る
③働いている家族の健康保険組合に扶養家族として入る（家族の扶養に入る）

一番おトクなのは、③の**「家族の扶養に入る」**方法です。**保険料の追加負担はゼロ**ですし、加入する健康保険組合のサービス（介護給付や人間ドックなどの補助、福利厚生サービスなど）を受けることもできます。**扶養に入る条件は、年金や失業手当の給付なども含めて年収180万円未満（60歳未満の場合は130万円未満）であること**など。この年収は、前年度の収入ではなくて、「見込み」収入額で計算するので前年度の収入が高くても大丈夫です（詳

細はp138に）。

妻や子の扶養に入ることに抵抗がある人もいるかもしれませんが、そんなことは気にせず入れる期間だけでも入っておくとおトクです。扶養の条件は、健康保険組合ごとに異なりますので、実際の条件は家族の加入している組合に確認してください。扶養に入る場合の**手続きは、退職日の翌日から5日以内です。**

◯「国民健康保険」は前年度の収入が高い人は不利

家族の扶養に入れない場合は、**①「勤めていた会社の健康保険を任意継続する」か②「国民健康保険に入る」を選択**します。

「国民健康保険」は、前年度の収入をもとに計算するので、前年度の収入が多いと保険料が高くなりがちです。

「任意継続」の保険料は、退職時点の給与をもとに計算します。これまでは会社が半分負担してくれていた保険料を全額自分で負担することになりますので、かなりの負担になるように見えます。しかし、負担額に上限が決められているので、前年度の収入が高い人は退職した年は

「任意継続」のほうが有利なケースが多いようです。実際にいくらになるのかは、会社に聞けば教えてもらえます。

「家族の扶養に入る」と同様、「任意継続」には、介護給付や人間ドックなどの補助、福利厚生サービスなどがついていることがあるので、保険料だけでなく、それも加味してどちらがおトクかの判断をしましょう。

◯「任意継続」は途中退会ができない⁉

「任意継続」を選ぶと2年間は保険料が固定です。退職1年目の収入が少なければ、2年目は国民健康保険のほうが安くなることもありますし、家族の扶養に入れるようになる場合もあると思います。

そんな時は、「任意継続」をやめて「国保」や「扶養」に切り替えたほうがおトクです。

ただし、注意しないといけないのは、「任意継続」は、表向き、途中退会ができないとなっていること。「途中退会したい」と申し込んでも「辞めることはできません」と言われます。

でも、あきらめなくて大丈夫！　やめたいなら、保険料を払わなければいいのです。「任意継続」は、保険料を期限までに支払わないとその時点で資格喪失になります。保険料の支払いをやめて「資格喪失」の通知書が送られてきたら、その通知書をもって「国民健康保険」や「扶養」の手続きをすればいいのです。

ちなみに、一括で保険料を前納していると、途中退会したくても、返金もされず、退会できないので要注意です。

「任意継続」を選んだ人も2年間限定ですので、3年目からは、国民健康保険に加入するか、家族の扶養に入るかを選ぶことになります。

「国民健康保険」の保険料は、計算サイト http://www.kokuho-keisan.com/ で確認できます。「国民健康保険」は、世帯単位で計算します。あなたの社会保険の扶養になっている人に収入がある場合は、その収入も加味して計算します。

なお、60歳未満であれば、「任意継続」か「国民健康保険」を選んだ場合、国民年金への加入が必要になります。扶養に入っていた専業主婦の妻も同様ですので、手続きを忘れないようにしてください。

POINT

32

「高額療養費制度」は、使い方のコツを知らないと大きく損をする!

医療費の自己負担が一定額以上になると
払い戻してくれる制度の落とし穴

ひと月の病院ごとへの支払いが2万1000円未満だと1円も対象にならない!

月をまたいで入院すると、もらえる金額が激減する。

差額ベッド代や入院中の食事代、先進医療は対象にならない。

意外に知らない！　高額療養費制度の基本ルール

① **医療機関ごとの自己負担額が1か月2万1000円以上**の時だけ対象となる。

診療科が違っても同じ病院ならOK

② **1日〜末日の1か月ごと**に計算する。

③ **家族の分を合算**することもできる。

月またぎの入院をすると、支払った医療費の合計金額が超えていても、戻ってこないことが！

④ **対象とならないものも**ある。

健康保険に加入していると、病院などでかかった医療費や薬代のうち、実際に負担するのは、年齢や所得に応じて1〜3割程度です。

そして、この自己負担額も一定の上限に達すると、超過分を払い戻してくれる「高額療養費制度」というありがたい制度があります。

上限の額は、収入に応じて決まります。低所得者だと月に3万5400円、標準報酬月額26万円以下だと5万7600円に固定されており、それより収入が多い場合はp198の計算式にあてはめて算出します（69歳以下の場合）。

この「高額療養費制度」、ちゃんとは理解していない人が多いのではないでしょうか。

実は、意外に細かいルールがあって、知らないと損をしてしまうこともあるのです。

①医療機関ごとの自己負担額が、1か月2万1000円以上の時だけ対象となる

69歳以下の人の場合、対象となるのは、一つの医療機関に、1か月に2万1000円以上払った時だけです。たとえば、10か所の違う病院に、2万円ずつ合計20万円払ったとしても、ひとつも対象にならないというわけです。これは、ちょっと驚きますね！ ちなみに、院外処方によって薬局で支払った金額は、処方箋《せん》を書いた医療機関と薬局は同じ医療機関とみなされます。70歳以上になると、この金額の縛りはなくなります。

複数の診療科のある医療機関の場合は、診療科ごとではなく、その医療機関にかかった医療費をまとめて計算します。**いろいろな診療科にかかっている場合は、複数の診療科のある病院にかかったほうが有利**というわけです。ただし、医科と歯科は別々、入院と通院も別々に計算します。なお、実際にまとめて計算できるかどうかは病院の窓口で確認してください。

②1日〜末日の1か月ごとに計算する

月をまたいで入院すると自己負担額が増える

20日間の入院で
100万円の医療費がかかった場合　年収500万円
（p198の計算式に代入して自己負担額を計算）

●4月10日〜30日入院の場合

8万100円+（100万円－26万7000円）×1％＝8万7430円

合計8万7430円

月をまたぐと、
8万円近く
自己負担が
増える！

●4月20日〜5月10日入院の場合

（4月に70万円　5月に30万円）
4月　8万100円+（70万円－26万7000円）×1％＝8万4430円
5月　8万100円+（30万円－26万7000円）×1％＝8万430円

合計16万4860円

高額療養費は月単位で計算します。月をまたいで治療した場合の計算は月ごとです。特に注意したいのは、入院費です。

上の図を見てください。それぞれ、高額療養費の自己負担額を算出する計算式に入れて、自己負担額を出していますが、同じ条件でも月をまたいだ場合は、同じ月内よりも約8万円、自己負担額が増えてしまいます。

急ぎの入院は仕方がないとしても、入院時期を選べるのであれば、月をまたがないようにしたほうが自己負担額は少なくなる可能性が大です。

③家族の分を合算することもできる

一定の要件のもと、同一世帯の人の医療費

を合算できます。世帯合算といいますがそれには次のような要件があります。

（世帯合算の要件）

・同じ健康保険に加入している家族の医療費（同居していなくても可）

・自己負担額が2万1000円以上（70歳以上の人は、金額の制限なし）

・健康保険組合に申請が必要

世帯合算ができるのは同じ健康保険に加入している家族に限られます。たとえば、夫婦共働きで、それぞれが異なる健康保険組合に加入している場合などは、合算対象になりませんが、同じ会社に勤めていて、同じ健康保険組合に加入していれば、合算対象となります。

世帯合算をするには、加入している健康保険組合に申請をする必要があります。院外処方の薬代などは、うっかり申請し忘れる人も多いようなので、気を付けてください。

高額療養費の1か月の自己負担限度額（69歳以下）

年収ベースによる区分	自己負担限度額	多数回該当[*1]
約1160万円〜	25万2600円＋（総医療費－84万2000円）×1%	14万100円
約770万〜1160万円	16万7400円＋（総医療費－55万8000円）×1%	9万3000円
約370万〜770万円	8万100円＋（総医療費－26万7000円）×1%	4万4400円
〜約370万円	5万7600円	4万4400円
住民税非課税者	3万5400円	2万4600円

＊1　同一世帯で直近12か月間に3回以上高額療養費の支給を受けている場合、4回目以降の自己負担限度額
＊　健康保険組合や自治体などによっては、独自の制度で、負担限度額が低くなる場合があります

④対象とならないものもある

入院中の食費や居住費、差額ベッド代や保険適用外の治療にかかる費用は、対象外です。

以上のような注意ポイントはあるものの、「高額療養費制度」は、医療費が増えがちな定年後の生活にとって、とても頼りになる制度です。1年間（診療月を含めた直近12か月）に3回以上高額療養費の支給を受けている場合は、4回目からは自己負担限度額がさらに引き下げられます（多数回該当）。

高額療養費の申請は、受診した月の翌月の1日から2年以内が期限です。「申請していなかった！」という人でも、期限に間に合うようなら、手続きをしてみてください。

POINT

33

「高額療養費制度」の穴をカバー! 入っておくべき医療保険

民間の「医療保険」は、これだけ入れば大丈夫

差額ベッド代だけで月30万円になっても、
高額療養費は使えない。

もしもの時の「先進医療」は
医療保険でカバーしておく。

昔入った医療保険は見直したほうがいい。

「夫が脳梗塞で入院することになったのですが、個室しか空いていないと言われて入ったら差額ベッド代が1日1万円以上もすると言われました。ほかの部屋に変えてほしいと頼んだところ、4人部屋でも差額ベッド代1日5000円だと言われて、びっくりしました」

A子さんはがっくり肩を落としています。夫の入院はリハビリをすることも考えると最長6か月になるかもしれないというのです。

○高齢者の入院日数は長くなる傾向

前項で「高額療養費制度」は老後に頼りになる制度だと書きました。この制度があるので、民間の医療保険に入る必要はなく、その分預金しておくべきという人もいますが、私は、60歳からでも医療保険は加入しておいたほうがいいと思っています。理由は、医療費がいくらかかるかなんて、誰にもわからないからです。とくに、入院にかかる費用はバカになりません。

医療の進化とともに入院日数は減少傾向ですが、**高齢者の入院日数は長くなる傾向**にあります。そして、**問題なのは「高額療養費制度」で負担してもらえない費用**です。

A子さんが困っていた**「差額ベッド代」も「高額療養費制度」の対象外**。全額自己負担しな

傷病別・年齢階級別　入院日数の平均

主な傷病	15〜34歳	35〜64歳	65歳以上	75歳以上
全体	11.1	21.9	37.6	43.6
結核	36.5	45.4	58.5	61.6
ウイルス性肝炎	10.7	9.7	38.2	56.1
胃の悪性新生物	12.5	13.0	20.8	24.0
結腸及び直腸の悪性新生物	12.7	11.7	17.1	20.5
肝及び肝内胆管の悪性新生物	36.5	13.0	17.7	19.8
気管、気管支及び肺の悪性新生物	9.7	13.3	17.1	19.3
糖尿病	13.2	16.3	45.4	62.1
血管性及び詳細不明の認知症	—	284.1	349.8	340.0
統合失調症等	106.5	301.6	1210.6	1692.2
気分（感情）障害	47.1	74.9	167.0	196.0
アルツハイマー病	—	143.0	254.9	257.1
高血圧性疾患	13.6	15.3	39.5	47.8
心疾患	10.0	9.0	22.2	28.8
脳血管疾患	25.6	45.6	86.7	98.9
肺炎	8.2	24.0	33.4	35.3
肝疾患	10.3	16.5	27.7	31.9
骨折	11.3	20.7	45.6	49.5

単位：日　＊2017年9月1日〜30日に退院した人を対象にしています　出典：生命保険文化センター

ければいけません。1日1万円以上の差額ベッド代を取る部屋なんて、そう珍しくもありません。1日1万円ということは、1か月で30万円。3か月で90万円です。

それ以外にも、入院すると、病院での食事代や寝間着などのレンタル費用、お見舞いのための交通費など、もろもろの経費もかかってきます。入院が長引けば、「家族も疲れてきて外食が増えてしまった」という話も聞きます。そういった費用ももちろん全額自己負担です。

また、**先進医療も対象外です。**がん治療関連の先進医療などは高額です。先進医療を利用する確率は低いかもしれませんが、いざという時、お金が払えなくてあきらめるなどということになったら、自分にとっても家族にとっても辛い選択になってしまいます。

○医療保険で最低限必要な3つの保障

そういった時の備えになるのが医療保険です。医療保険はひと昔前と比べると、安くなっています。60歳男性なら、月額保険料3000円程度で最低限必要な保障をそろえられます。

最低限必要な保障は次の表の3つです。

「入院給付金」は、差額ベッド代や入院中の雑費など、高額療養費制度の対象にならないもの

医療保険で入っておくべき3つの保障

入院給付金
日額5000円

手術給付金
5万円

先進医療特約

医療保険はひと昔前に比べて安くなってます！将来、医療費ビンボーにならないためにもこのくらいは持っておきたいですね

に使います。本当は、日額1万円あると安心ですが、ここは保険料との相談です。入院日数は60日型という短いものでもいいと思います。

「手術給付金」も入っておくといいでしょう。**最近の医療保険は、日帰りの手術でも給付金が受け取れます。**うちの夫は、2年に一度大腸検査を受けるのですが、そのたびにポリープの切除をして、手術給付金を受け取っています。白内障の手術も日帰りですることが多いですよね。

「先進医療特約」も付けてください。**月額の保険料は数百円程度で、先進医療の治療費が**

2000万円程度まで補填されます。治療の幅を広げるためにも活用してほしいと思います。

ちなみに、医療保険でもらう給付金には税金はかかりません。

60歳前後から入るのであれば、保障期間も支払い方法も「終身」がおすすめです。1回の支払い額も抑えられますし、生涯保障が続くのは安心です。医療保険の保険料は、所得税・住民税の控除の対象になります。仮に月額3000円、年間3万6000円の保険料だと、3700円〜1万5000円程度の節税が可能になりますから、実質の負担額はもっと少なくなります。

昔に入った医療保険は、この機会に見直すことをおすすめします。保障内容がよくなって、保険料も下がる可能性があります。それほど今の医療保険は、進んでいるのです。

最後になりますが、冒頭のA子さんの差額ベッド代ですが、病室の空きがない、とか治療のために必要だ、などの「病院側の都合」で部屋を決めた場合の差額ベッド代は、支払わなくてよいという決まりがあるようです。ただ、病院の同意書で、差額ベッド代を払うことに同意してしまうと、払わなければいけないとのこと。そういう場面に遭遇したら、同意書にサインする前に、病院と相談してみてもいいでしょう。

POINT

34

「医療費控除」の"グレーゾーン"で賢く税金を取り戻す!

人間ドック、歯科矯正、補聴器も
医療費控除できる?

医療費控除は「医療費」を使った節税。

医療費控除の対象は、原則「治療目的のもの」のみ。

人間ドックや歯科矯正、補聴器なども、条件によっては控除対象に!

定年前後世代は、医療費の負担が多くなってくる時期。医療費の負担を軽減するものとして、「高額療養費制度」や「医療保険」がありますが、それでもカバーしきれなかった医療費に使えるのが、「医療費控除」です。

「医療費控除」はいわば医療費を使った節税。

1年間に使った医療費で高額療養費制度や医療保険で補填されなかった部分の合計が10万円（もしくは所得の5％）を超えた場合、超えた部分が所得から控除されます。

○「人間ドック」は控除対象にならないと言われるが……

確定申告の時期になると、何が医療費控除の対象になるかという問い合わせをよく受けます。

基本的には、**医療費控除の対象となるのは、「治療」目的のもの**です。**「健康増進」や「予防」目的のものは、対象にはなりません。**

では、「人間ドック」はどうでしょうか？ 人間ドックや健康診断は、10万円を超えるところもあります。これを控除の対象にできれば、最高5万円程度の節税になりますが、人間ドックの目的は、「治療」ではなく、「予防」ですから、原則としては、医療費控除の対象にはなりません。多くの本でもそう書いてありますし、そう思っている方が多いと思います。

でも実は、人間ドックで重大な病気が見つかって、その治療を続けた場合は、人間ドック代も医療費控除の対象にできるのです。検査結果としては、「要治療・通院」「要再検査」「要精密検査」といったところです。**重大な病気とは、がんや心疾患、高血圧や糖尿病、メタボなどです。**メタボはちょっと意外な気もしますが、「高血圧症・脂質異常症・糖尿病と同等の状態と認められる」のだそうです。人間ドックで指摘される持病がある人は、人間ドック代を控除できる可能性が高いのでおトクとも言えますね。

これ以外にも、条件によって医療費控除の対象になったりならなかったりするものがあります。たとえば、補聴器は、医師の診断のもとで買ったものだけが医療費控除の対象です。整体も資格者が治療目的で行えば、医療費控除の対象です。**医療費控除の対象となるか、ならないかはグレーゾーンも多い**ので、判断基準を知っていると、無駄なく控除が使えるため便利です。

医療費控除のグレーゾーンを狙え！

○	×
風邪薬	サプリメント
治療目的の注射（糖尿病など）	予防接種（インフルエンザなど）
資格者が行う 治療目的の整体	疲労回復など 健康増進目的のマッサージ
介護用おむつ（医師が必要と認めた場合）	赤ちゃんのおむつ
子どもの歯列矯正や治療に必要な歯列矯正（医師が必要と認めた場合）	審美のための歯列矯正
眼病のためのメガネ（弱視・白内障など）	普通のメガネ（近視・老眼・遠視など）
病院の都合で発生した 差額ベッド代	自分が希望した場合の 差額ベッド代
医師の診断のもとで買った補聴器	医師の診断を受けずに買った補聴器

POINT

35

400万円超えのガン先進治療で約60万円もトクする方法

医療費控除には知られざる裏ワザがいっぱい

医療費控除は家族の中で税金が高い人がまとめて申告する。

扶養家族はもちろん、扶養していなくても「生計を一にする」家族ならまとめられる!

医療費が高額になりすぎた時は、負担者を分けるか、年を分けて払う。

医療費控除もちょっとした工夫をすることで、節税できる額が変わってきます。

まず知っておきたいのは、医療費控除は、**家族の中で一番たくさん税金を払っている人（所得税率の高い人）が、家族の分をまとめて控除するべきだということです。**

医療費控除は、10万円（もしくは所得の5％）を超えた部分だけが、控除されます。

仮に、3人の家族がそれぞれ12万円ずつ医療費を使っていた場合、ばらばらで申告すると、それぞれ10万円を超えた部分しか対象にならないため、12万円－10万円＝2万円ずつしか医療費控除の対象になりません。これを1人にまとめれば、36万円－10万円＝26万円が対象となります。**このように医療費控除できる金額が増える上に一番所得税率の高い人がまとめて申告することで、より戻ってくる税金が増えるということです。**このケースであれば最大13万円もの違いになる可能性もあります。

扶養家族や同居の人の分しかまとめられないと思っている方もいますが、そんなことはありません。**生計が一の家族（配偶者であれば働いていても基本ＯＫ。一緒に住んでいない子や親でも、仕送りをしていればＯＫ）の医療費であれば、まとめて医療費控除できます。**

◯ 高額な医療費を無駄にしない2つの工夫

医療費控除の上限は年間200万円までです。インプラントや歯列矯正、また保険のきかない先進医療などで、医療費が高額になると、引ききれない分が無駄になることがあります。そんな時にもちょっとした工夫で医療費の枠を増やすことができます。

たとえば、夫が400万円のがんの先進医療などを受けたような場合、夫が1人で400万円負担すると上限の200万円までしか医療費控除の対象になりませんが、夫妻で半分ずつ医療費を負担するとそれぞれ上限の200万円まで医療費控除が受けられます。**医療費控除は、医療を受けた人ではなく、医療費を負担した人が受けられる控除**なのでこれが可能なのです。

医療費の負担を分け合える家族がいない場合は、「支払日をずらす」という方法があります。**医療費を控除する年は、治療を受けた日で判断するのではなく、支払った日で判断**します。病院が分割払いを受けてくれれば、引ききれない分を翌年に支払うことで、それぞれ支払った年の医療費として控除することができます。クレジットカードで払った場合、医療費控除を受けるのは、クレジットカードで支払った日となり、分割払いにはなりませんのでご注意を。

医療費控除の裏ワザ①夫婦で支払う

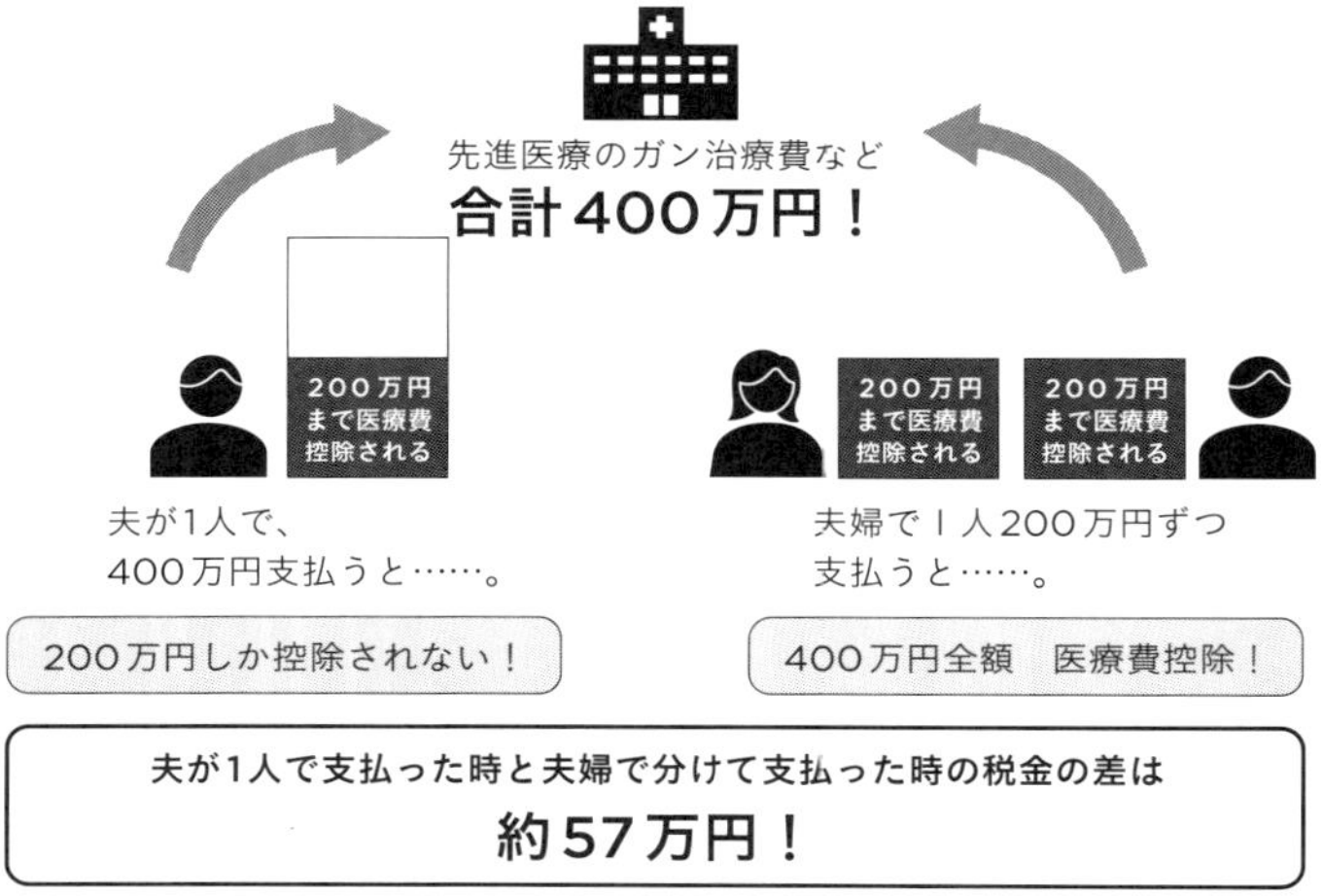
先進医療のガン治療費など
合計400万円！
200万円まで医療費控除される
200万円まで医療費控除される
200万円まで医療費控除される
夫が1人で、
400万円支払うと……。
夫婦で１人200万円ずつ
支払うと……。
200万円しか控除されない！
400万円全額　医療費控除！
夫が1人で支払った時と夫婦で分けて支払った時の税金の差は
約57万円！

医療費控除の裏ワザ②支払日をずらす！

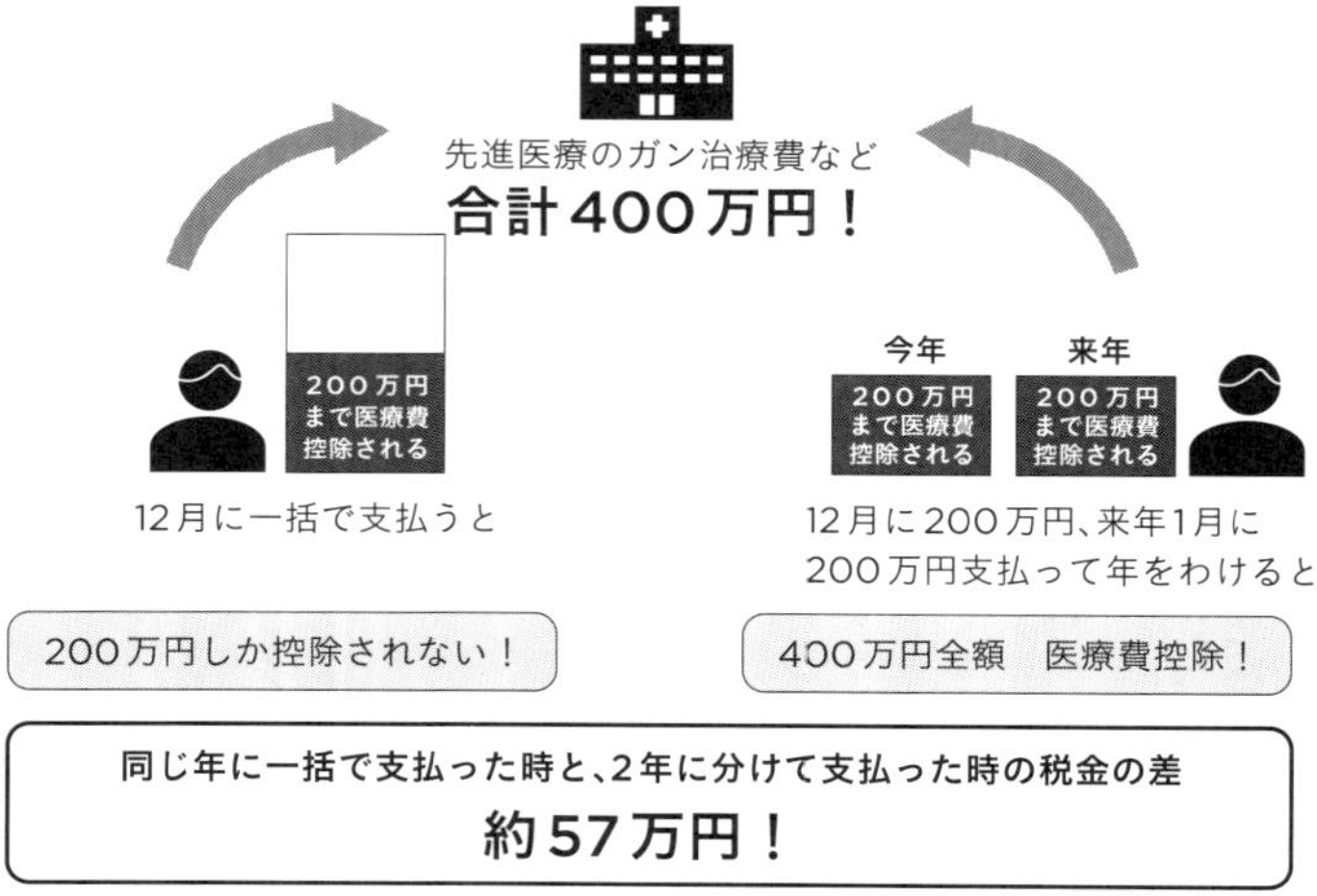
先進医療のガン治療費など
合計400万円！
200万円まで医療費控除される
今年
200万円まで医療費控除される
来年
200万円まで医療費控除される
12月に一括で支払うと
12月に200万円、来年1月に
200万円支払って年をわけると
200万円しか控除されない！
400万円全額　医療費控除！
同じ年に一括で支払った時と、2年に分けて支払った時の税金の差
約57万円！

＊いずれも所得税20％、住民税10％の場合

POINT

36

家族の「世帯分離」で、介護保険サービスの自己負担額が年30万円も違う⁉

「介護保険」「健康保険」の
自己負担上限額は減らせる！

介護保険は自己負担1～3割だが、1か月の自己負担上限がある。

自己負担上限額は、同じ世帯に「現役並み所得者」がいると高くなる。

現役並み所得者と同居していても「世帯分離」すれば、自己負担額の上限が下がる。

老後に備えたいのは、医療費だけではありません。介護状態になった時の費用についても考えておく必要があります。

介護保険制度の介護サービスを利用する場合、本人の自己負担は1〜3割です。ただ、ひと月あたりの負担限度額が決められている「高額介護サービス費」制度があり、限度額を超えた部分は返してもらえます。

同じ家で暮らしていても「世帯」は分けられる

自己負担限度額は、所得が多い人ほど高く、所得が低い人ほど低く設定されています。介護保険を利用できるのは、基本65歳以上ですから、「そのころには退職していて、所得なんかそんなにないよ」と思うかもしれませんが、**この時の所得は「本人の所得だけでなく、世帯の所得で決まる場合」があります。**

仮に、介護を受ける人が、国民年金のみ年間78万円の所得の人の場合、単身世帯であれば、月の負担限度額は、1万5000円です。しかし、**所得のある人と同世帯にしていた場合は、負担上限額が4万4000円になりますから、ひと月で2万9000円、年間で34万8000**

介護保険サービス費の自己負担上限額

対象となる人	自己負担の上限額（月額）
課税所得145万円以上の65歳以上の人がいる世帯の人	4万4400円
世帯の誰かが住民税を課税されている人	4万4400円
世帯全員が住民税を課税されていない人	2万4600円
前年の合計所得金額と公的年金収入の合計が、年間80万円以下の人	2万4600円（世帯） 1万5000円（個人）
生活保護を受給している人	1万5000円（個人）

円の差が出る可能性があるのです。親の所得は低いのに、同居している家族に所得があるばかりに自己負担額がこんなに違うなんて……と思いませんか？

そこで検討したいのが**「世帯分離」**です。

「世帯分離」とは、同じ住所で暮らす家族が世帯を分けて住民票を登録すること。

同じ家で暮らしていても、親と子の世帯を分けて登録すれば、親世帯だけで所得の判定をすることになるので、介護保険サービス費の自己負担額を減らせる可能性があります。

また、施設に入所する場合に、居住費や食費の負担を軽減できる可能性もあります。

ちなみに、「世帯分離」をして、介護費用

等を減らせるメリットがあるのは、介護を受ける人の収入が少ない場合です。

○「高額療養費制度」の自己負担限度額や健康保険料も下がる！

「世帯分離」が効果的なのは介護保険だけではありません。前述の「高額療養費制度」も世帯分離をすれば、所得の低い人の医療費の自己負担限度額を下げられる可能性があります。

また、75歳以上の人が加入している「後期高齢者医療保険」などの保険料を下げることもできます。

ただし介護サービスを2人以上で受けている場合などは、世帯分離することで負担が増えてしまうこともあります。

また、国民健康保険に加入している場合は、保険料が変わる可能性もあります。

世帯分離を検討する時は、分離した場合の保険料や様々な負担の増減、利用できる制度などについて、お住まいの市区町村に確認してみてください。

POINT

37

わかりにくい「保険の見直し」。チェックポイントはここだけでOK!

何を質問したらよいのかもわからない人のためのガイド

自分がどんな保険に入っているのか知らない人は、損をしている可能性大。

保険金の受取人を間違えると、とんでもない税金がかかる。

1980〜1990年代頃に入った保険の中には「お宝保険」がある。

定年退職前後は、保険の見直しをするよい機会です。**保険は、人生で二番目に高い買い物といわれています**。ちなみに、一番は自宅です。

にもかかわらず、自分がどんな保険に入っているのかを理解している人は、ほとんどいません。自分や家族がどんな保険に加入しているのか、入り方に間違いはないか。確認すべきポイントをお教えします。契約内容は保険証券に記載されています。毎年保険会社から送られてくる「契約内容のご確認」といった書類でも確認できます。

まずは、どんな保険なのかを確認する

死亡保険であれば、**「何歳まで保障が続くのか」「死亡保険金はいくらか」「今、解約したら受け取れるお金（解約返戻金）はいくらなのか」**を確認しましょう。

気を付けたいのは、定期保険の自動更新です。定期保険とは、保障期間が決まっている保険です。たとえば、55歳までの定期保険であれば55歳を1日でも過ぎると、保険金はゼロになります。定期保険の中には、「自動更新」されるものがあります。更新されると、保険料は更新時の年齢で計算しなおされるので、高くなります。「保険を変えた覚えがないのに、保険料が

増えた」という人は、自動更新されている可能性があるというわけです。こんなことにならないためにも、今入っている保険の内容はしっかり確認してみてください。

契約者・被保険者・受取人の関係で税金が変わる

もう一つ確認してほしいのは、**「保険金の受取人」**です。結婚しているにもかかわらず、受取人が両親のままになっていたり、受取人が「法定相続人」となっているような場合は、自分が残したい相手に受取人を変更してください。

また、「保険の契約者（保険料負担者）」・「被保険者」・「受取人」の関係によって、かかる税金が異なります。次ページの表を見てください。

気を付けたいのは、表③の妻の保険の保険料を夫が負担して、子どもを受取人にしているような場合です。「契約者（保険料負担者）」と「被保険者」と「受取人」がすべて違う人の場合、贈与税の対象となって、びっくりするような高い税金がかかります。こういった保険のかけ方をしている人は、今すぐ受取人を「契約者（保険料負担者）」に変更して、②の所得税がかかるパターンにしてください。

死亡保険の受取人、被保険者、契約者（保険料負担者）

4人家族（父・母・子ども2人）　保険金3000万円
支払った保険料2000万円と仮定（所得税率20％　住民税率10％　相続税率10％と仮定）

	契約者（保険料負担者）	被保険者	受取人	課税関係	
①	父	父（死亡）	子、もしくは母	相続税	150万円
②	父	母（死亡）	父	所得税	142万5000円
③	父	母（死亡）	子	贈与税	1035万5000円

3者の関係で取られる税金が7倍以上違う！

昔の生命保険についている特約はよくないものが多い

昔の生命保険についている特約は要注意です。はっきり言って、保険料が高く、内容がよくないものが多いのです。また、定期保険の場合など、元の保険期間が切れてしまうと、特約も一緒に消えてしまいます。**今の医療保険のほうが、保険料も安く保障内容も充実しているものが多い**ので、比較してみてください。いらない特約は、解約してしまいましょう。

月々の保険料の負担が大きい、もしくはそんなに高額な保険金はいらなかった、という場合は、解約（全部・一部）や契約内容の変更を検討します。

ただし、**1980〜1990年代にかけて契約した保険の中には「お宝保険」と呼ばれるとても利率の良い保険があります。こういった保険は、解約してはもったいない**です。

終身保険や年金タイプであればそのまま持ち続けていい保険です。

終身保険を自分の年金として受け取れる可能性もありますので、興味があれば保険会社に確認してみてください。

保険料の負担がつらいという場合は、保険料の払い込みをやめて、保険期間は変えずに保険金額を下げて保険を持ち続ける方法もあります。この方法を**「払済保険」**といいます。「払済保険」のいいところは、原則として予定利率が引き継がれることです。

今まで払ってきた保険料よりも高い解約返戻金が見込めるのであれば、一部（全部）解約という選択肢もあります。一部解約の場合も、保険期間を短くすることはおすすめしません。

保険は、手続きによって大きな損を被る可能性があります。素人判断ではなく、信頼できる専門家に相談することをおすすめします。

ミヤコ先生
教えて
ください!

いまさら
聞けないお金の
はなし
3

確定申告ってどうするの?

サラリーマン時代に「確定申告」なんてしたことないですよね?

はい、ないです。

サラリーマンだと毎年12月に年末調整を会社がしてくれますよね。毎月の給料から、少し多めに税金を徴収して、年末に、生命保険料控除や扶養控除などの所得控除を差っ引いて、正確な所得税を確定してくれるのが年末調整です。あらかじめ税金を多めにとっているので年末調整では税金が戻ってくることが多いんです。

会社を辞めると、それを自分でしないといけないんですね。

それが確定申告です。

でも、退職金は、確定申告しなくてよいと書いてあるし、年金をもらって源泉徴収されてても、年間400万円までの人はしなくてもいいんですよね?

確定申告する必要がなくてラッキーと思ってるとしたら、めちゃくちゃ「カモ」になってますよ！　税金を徴収する側からいえば、「確定申告する必要がある」のは税金を取れる可能性のある人。逆に「しなくてもいい」と言われてる人は、税金が還付される可能性が高い人ということです。

なんと！　目からウロコ！

年金収入400万円以下の人が確定申告すると還付される可能性は高いですし、p36でも書きましたが、退職の翌年も確定申告すれば還付されることが多い。還付の場合は過去5年間分ができますから、後からでもやったほうがいい！

「確定申告書作成コーナー」が便利

とはいっても、なんか複雑そうで。やり方を細かく説明してもらえますか？

すべての状況の方に応じた申告書の書き方を説明していると、本1冊終わっちゃいますね。退職金の申告も、まったくの素人が手書きで計算するのは実は結構難しいんですよね……。

……。（やっぱり無理かも）。

でも、手で計算しようとしなければ大丈夫です。実は、国税庁のHPの「確定申告書作成コーナー」https://www.keisan.nta.go.jp/kyoutu/ky/sm/topは、知識ゼロでも申告書が作れる優れものです。相当親切に作られているので、これを使えばかなり複雑な申告でもできます。

国税庁 確定申告書作成コーナー

https://www.keisan.nta.go.jp/kyoutu/ky/sm/top

1

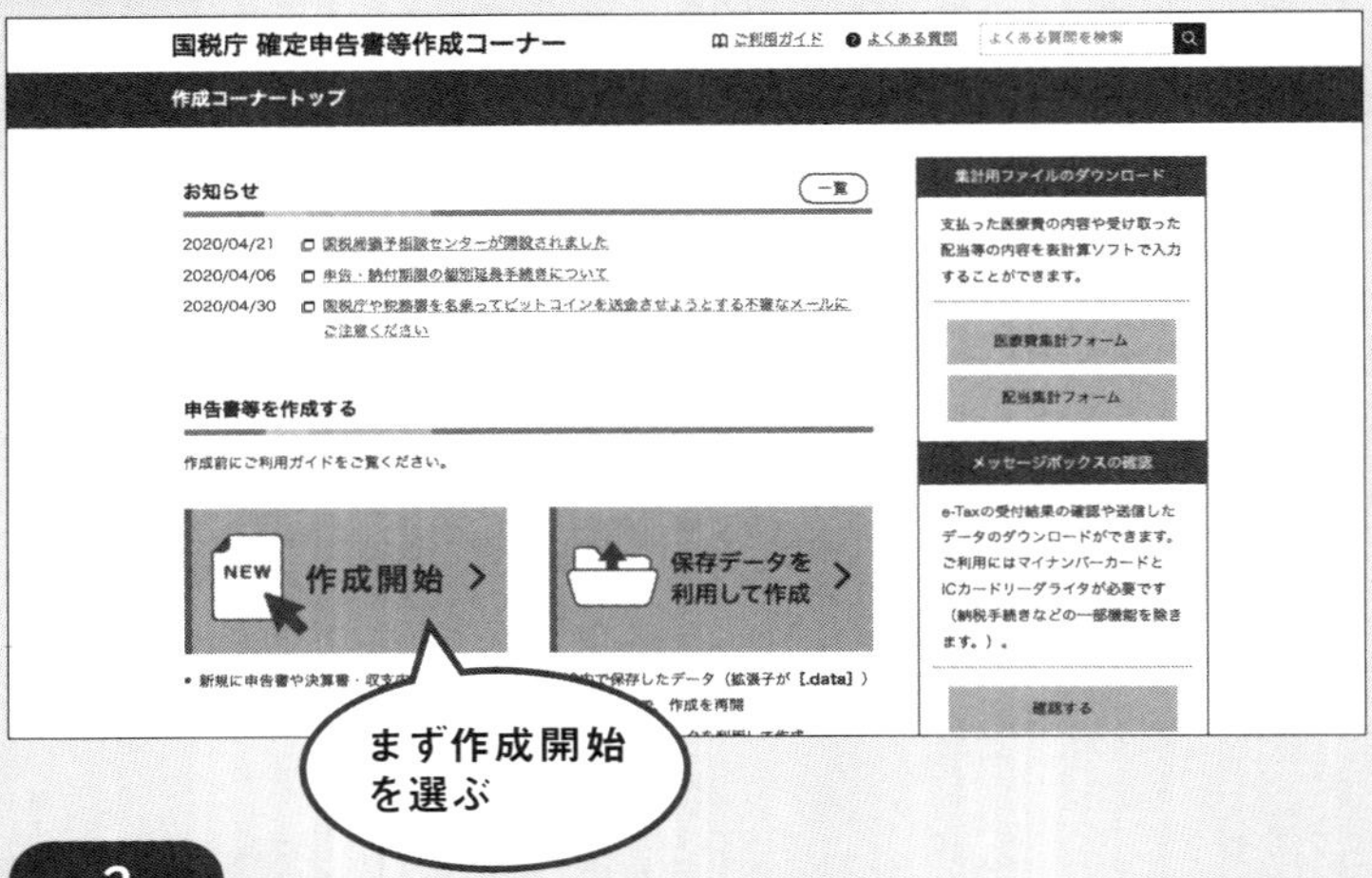

2

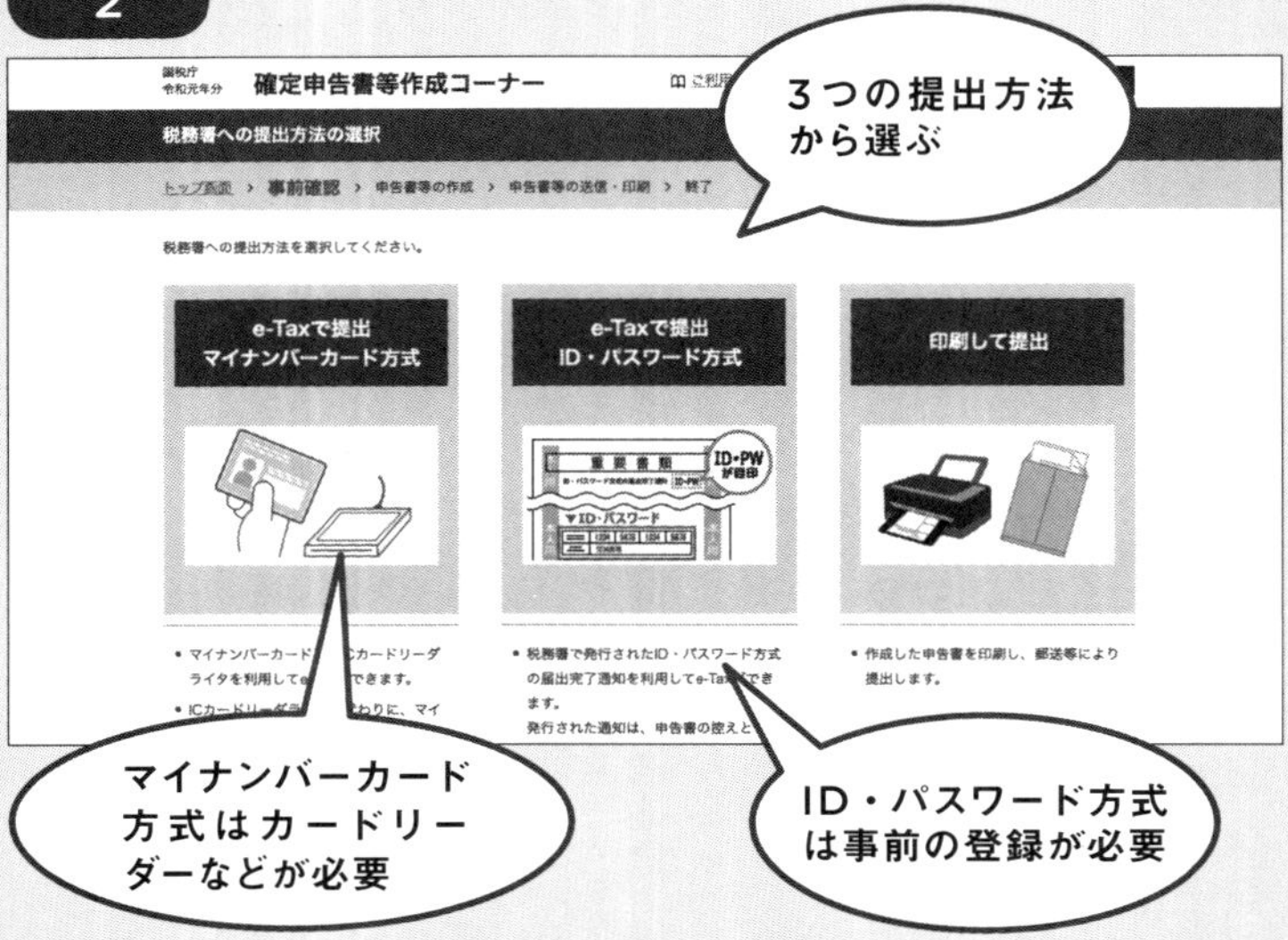

＊提出方法を選んだら、利用規約に同意し、何年度分の申告書を作成するかを選ぶ。

3

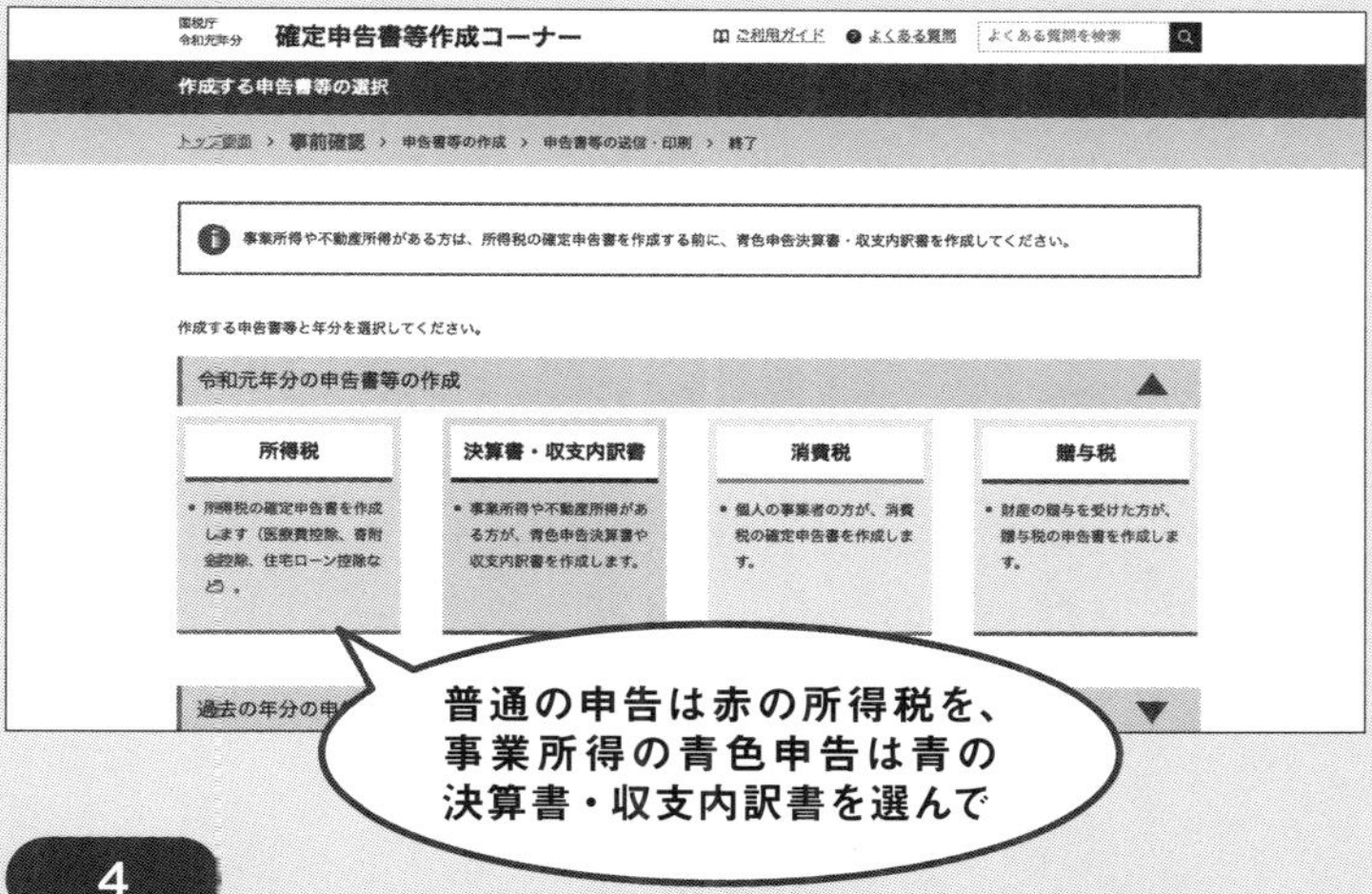
確定申告書等作成コーナー
作成する申告書等の選択
事業所得や不動産所得がある方は、所得税の確定申告書を作成する前に、青色申告決算書・収支内訳書を作成してください。
作成する申告書等と年分を選択してください。
令和元年分の申告書等の作成
所得税
決算書・収支内訳書
消費税
贈与税
普通の申告は赤の所得税を、
事業所得の青色申告は青の
決算書・収支内訳書を選んで

4

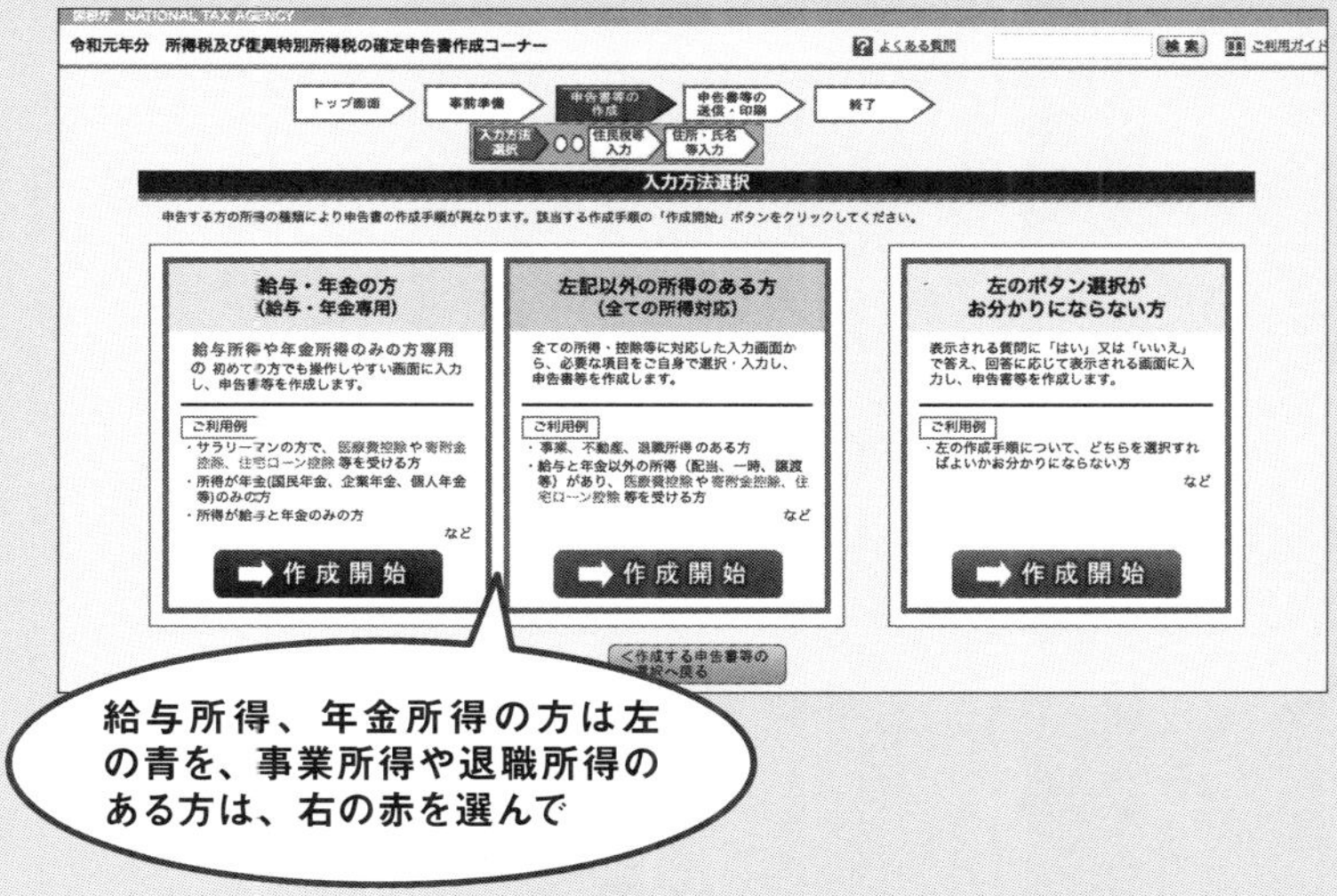
令和元年分　所得税及び復興特別所得税の確定申告書作成コーナー
入力方法選択
給与・年金の方
(給与・年金専用)
左記以外の所得のある方
(全ての所得対応)
左のボタン選択が
お分かりにならない方
作成開始
作成開始
作成開始
給与所得、年金所得の方は左
の青を、事業所得や退職所得の
ある方は、右の赤を選んで

まず、作成開始を押してみると、「e-Taxマイナンバーカード方式」と「e-TaxのID・パスワード方式」、「印刷して提出」の3種類が出てきますね。これはどれを選べば？

1回しかやらないなら、一番簡単なのは印刷して提出です。でも、この先、毎年やるつもりなら、「e-Tax」のどちらかを選んだほうがラクかもしれません。「マイナンバーカード方式」はカードリーダーやマイナンバーカードがいります。「ID・パスワード方式」はそういったものは不要ですが、事前に税務署の職員との対面による本人確認を行って「ID・パスワード」を発行してもらう必要があります。

この3択から選んだあとは、質問に答えながら入力すればいいんですね。

後は簡単です。手元に、退職所得や給与所得の源泉徴収票や、生命保険料控除、ふるさと納税の証明書などを用意してください。医療費控除できる場合は医療費のレシートなども。それらのどこの数字を入力すればいいかも、サイトを見ればわかります。

万が一、途中でわからなくなったら、どうすればいいですか？

還付申告は毎年1月1日からできますから、確定申告で混み始める2月16日の前を狙って、管轄の税務署に行けば、親切に教えてくれますよ。

第7章

「遺産相続」は最大の落とし穴

親からの遺産は、退職金と並ぶ老後の二大収入

うっかりすると忘れがちですが、**親からの遺産は、退職金と並んで、大きな金額になる可能性のある、人生の二大収入**。大切な老後資金のひとつです。

しかし、せっかく親御さんが築いてくれた遺産も、何の対策もしないままでは、思わぬ多額な相続税がかかってしまったり、遺産争いのモトになってしまうこともあります。相続でもめてしまうと、家族仲が悪くなるだけでなく、p232でも紹介するように、相続税が高くなってしまうことも……。失敗のない相続を迎えるためには事前の対策が必要なのです。

とはいえ「親と相続の話をしたいとは思っても、どう切り出していいかわからないし、気がひける」と感じている方はとても多いもの。そんな方にとって**定年退職は、相続について親や親族と話し合いを持つよいきっかけ**になります。「退職を機に自分と親の老後のことを考えよ

うと思うので、相続も含めて話し合いたい」と自然な感じで切り出してみてください。

ちなみに、「うちは資産家でもないし相続なんて関係ない」と思っている人もいるかもしれませんが、相続の困りごとに遺産の額は関係ありません。実際、**家庭裁判所に申し立てをした相続トラブルの3割が「遺産額1000万円以下」**という統計結果も出ています。ほとんどの人にとって相続は「他人事《ひとごと》」として、放っておいていい問題ではないのです。

○対策するとしないとでは数千万円の違いになることも

親御さんはすでに高齢でしょうから、親だけで、相続対策をするのは、無理があると思います。**親が築いてくれた資産を守り、できるかぎり多くを受け継げるようにするのも、子どもの責任**ですから、親に資産管理や相続対策の話を切り出すことを、後ろめたく思う必要は、全くないのです。特に、相続は、金額が大きくなる可能性もあるだけに、税金の額も大きくなります。対策をしておくのとおかないのとでは、数千万円の違いが出てくることも多々あります。

ぜひ、定年前後のこのタイミングで、相続について話し合い、万全の手を打っておいてください。またそろそろ、あなたから配偶者や子どもへの相続についても考えておきましょう。

POINT

38

もめる相続は一番の損!対策は、親が元気なうちから

遺産相続でもめると、相続税も高くなる!

相続から10か月以内に遺産の分け方が決まらないと、税金を安くする特例が使えない!

特例を使えないと、高い税金を払わなければならないことも。

相続でもめないためには、親御さんが元気なうちに「遺言書」を作ってもらう。

法定相続人と法定相続分

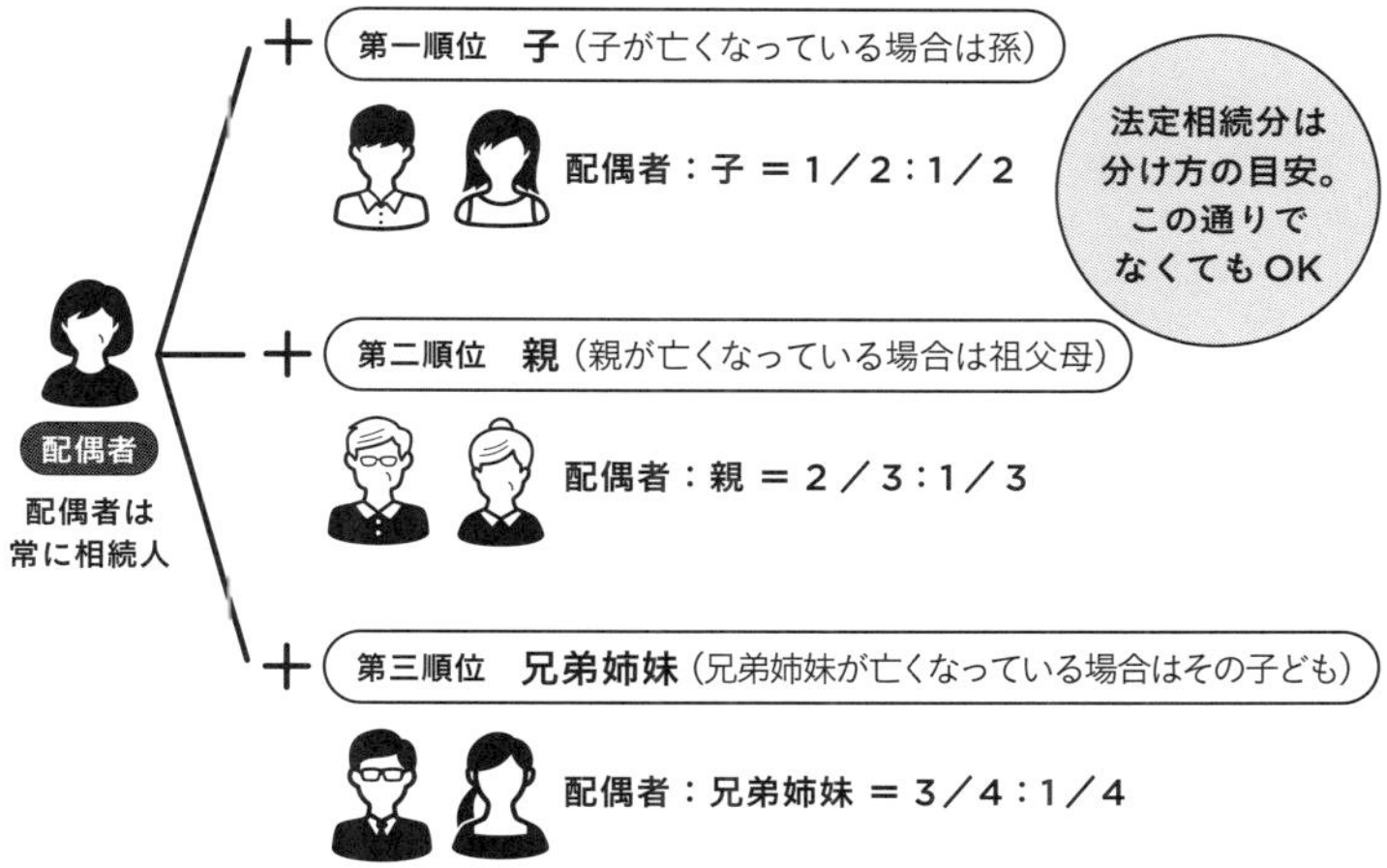

この章では、相続税を減らすためのテクニックを紹介しますが、その前に、相続のキホンについて簡単に説明しておきます。相続は「相続ができる人は誰なのか」「遺産の分け方はどう考えるのか」など、様々なルールが決められています。

最低限知っておきたいのは、誰がどのくらい相続するのかを考えるベースとなる**「法定相続人と法定相続分」**です。

相続は、法律で決まった法定相続人だけが、財産をもらえます。法定相続人以外の人に財産を残すためには、遺言書などで指定する必要があります。

「法定相続分」は、分け方の目安です。実際は、**遺言書があれば遺言書の通り、遺言書が**

なければ法定相続人全員で話し合って、財産の分け方を決めます。

相続税についても簡単に説明します。相続税は、すべての人にかかるわけではありません。相続財産の額が、決められた基礎控除額を超えた場合だけ相続税がかかります。**相続税の基礎控除額は、3000万円+600万円×法定相続人の数で計算します。**

相続の話というと、「節税」の話に興味を持つ方が多いのですが、どんなに頑張って節税対策をしても、遺産の分け方でもめてしまっては元も子もありません。遺産の分け方でもめるということは、家族の仲をこわしてしまうだけではなく、実は相続税も高くなってしまうのです。遺産分けでもめてしまって、**遺産分割が相続税の申告期限までに決まらないと、税金を安くする特例が使えなくなってしまう**からです。

こういう話をすると「うちは、仲がいいから遺産分けでもめたりしないよ」と言う人がいますが、相続は仲が悪くなくても、欲張りな人がいなくても、もめることがあるのです。

よくあるのは、**介護が絡んだ時の相続**です。

東京に住むAさん一家は、地価の高いところに住んでいたので、自宅の土地の価値だけで8000万円。それ以外には、現金など2000万円くらいの財産がありました。母親はすでに他界していて、その後父親が亡くなっています。残された子どもは姉と弟。姉は独身で父親と同居して父親の介護をしていました。姉が勤めていた会社を辞めて、介護に専念すると決めた時、弟は「お父さんの面倒をみてくれるなら、相続の時は姉さんがたくさんもらったらいい」と言ってくれたといいます。でも実際お父さんが亡くなると、財産の分け方でもめてしまったのです。

介護でよくあるのは、実際に介護をした人としていない人では介護に対して感じる負担感が違うということ。姉は「会社を辞めてまで大変な介護を1人でしたのだから、すべての財産をもらってもいいくらいだ」と思っていましたが、弟は「介護っていっても、デイサービスを使ったりして、そんなに大変ではなかったはず。法定相続分よりちょっと多いくらいで十分だろう」と考えたのです。

結果、**申告期限までに話し合いがつかず、770万円の相続税を払うことになってしまいました。**実は、もめずに相続できれば相続税は、ゼロで済んだ可能性もあるのです。

遺産の分け方でもめると税金圧縮効果のある特例が使えなくなる！

p250～で紹介しますが、相続税には税金を安くするいくつかの特例があります。よく利用されるのが、**「配偶者の税額軽減」と「小規模宅地等の特例」。どちらも数百万～数千万円単位での、税金圧縮効果が見込めます。**

しかし、これらの特例を受けるためには、「申告期限内に遺産分割を終えて、相続税の申告書を提出する」ことが必要です。**相続税の申告期限は、相続が起きた日の次の日から10か月以内。**実際この10か月というのは、バタバタしているうちにあっという間に過ぎてしまいます。

この間に遺産の分け方が決まらなければ、特例が受けられません。その結果、**特例が使えれば払う必要のなかった高額な相続税を支払わなければいけないことになりかねない**のです。

（ただし、税務署に「申告期限後3年以内の分割見込書」［3年以内には財産分けをします！という届出書］を提出して3年以内に分け方が決まれば、特例を受けた相続税の申告をやり直し、税金を取り戻すことはできます）。

分け方が決まらないと銀行預金も下ろせない

財産の分け方が決まらない場合、他にも困ったことが起こります。銀行口座などが動かせなくなるのです。銀行口座は、持ち主が亡くなったことがわかると凍結されて、誰が預金を相続するか、はっきりするまでは口座を動かせなくなるのです。相続法の改正で、相続人であれば預金の一部を仮払いできる制度が創設されましたが、下ろせるのは一つの金融機関あたり最高でも150万円までです。

相続人全員の同意書が取れれば、相続する人が決まる前でも預金を下ろすことはできます。ただ、遺産分割でもめているような場合、そういった同意書を取ることさえ難しくなる可能性が高いですよね。そうなると、**高額な相続税はかかるわ、払おうにも口座のお金は下ろせないわで、散々な目にあいます。**

家族と不仲になった上にお金で苦労をするのはとても辛いことです。そうならないためには、遺産分割で生前に家族みんなが納得できるような財産の分け方を相談し、親御さんに「遺言書」を残してもらうようにしてほしいと思います。遺言書の作成方法についての詳細はここでは省きますが、私が代表を務めるWT税理士法人編著のエンディングノート『税理士がアドバイスする!! 相続手続で困らないエンディングノート』に詳しく書いています。相続税の計算などもできるようになっていますので、ご参考にしてください。

POINT

39

「生前贈与」の非課税枠を使うだけで、毎年最大約60万円も節税!

相続税がかかりそうなら、すぐ始めるべき対策。

生前贈与は、気軽にできて効果の高い相続対策。

毎年110万円生前贈与でもらえば、
相続でもらうよりも、年11万～60万円もトク。

テキトーな贈与は高くつくので注意!
税務署にばれると重いペナルティが。

親御さんと相続について話し合った結果「資産がそこそこあって、相続税がかかりそうだ」ということがわかったら相続税対策を検討しましょう。

一番簡単にできて、すぐに始められる相続税対策は「生前贈与」です。人からタダでお金やモノをもらうと贈与税という税金がかかりますが、**贈与税には、年間110万円の非課税枠があって、その範囲であれば税金がかかりません。**

この非課税枠を使って、毎年コツコツ財産を移していけば財産が少なくなり、相続税が安くなるというのが「生前贈与」による相続税対策というわけです。

たとえば、相続財産が1億円ちょっとあって相続人が2人、という人であれば、相続税の税率はだいたい20%です。この場合110万円の財産を相続でもらうと、110万円×20%＝22万円の相続税がかかります。

でも、同じ110万円を生前贈与でもらえば、非課税の範囲内ですから、贈与税はゼロ。税金を取られずに財産をもらうことができます。

つまり、**年110万円ずつ生前贈与をすれば、22万円ずつ相続税を減らすことができる**ということ。相続税の税率は、10～55%ですから、年間11万円から最大60万円程度の節税が可能というわけです。**あげる相手は、孫が特におすすめ**です。というのも、子どもや妻など相続で財産をもらう人への贈与のうち、**亡くなった日からさかのぼって3年以内のものは相続税の計算対象にする**という決まりがあるからです。

○生前贈与は手軽だが、間違うとキケン！

生前贈与は数ある相続税対策の中でも人気の対策です。人気の理由は、「あげたい人に財産を渡すだけ」という手軽さです。しかし、この手軽さゆえ、テキトーな贈与をしている人も少なくありません。節税のための生前贈与は、基本家族内でのお金のやりとりなので、「ちょっとくらいならバレないだろう」と、年間110万円を超える贈与をしていながら、贈与税の申告をしない。こういう人が意外にたくさんいるのです。でも、これはキケンな行為です。はっきり言って、税務署は甘くありません。仮に、贈与税の申告漏れがバレると、高いペナルティを払うことになりかねません。

たとえ、家族内でのお金のやりとりでも、110万円を超えたら贈与税の申告をするというルールは守りましょう。また、誰と誰の間にいくらの贈与があったのか、あとからでもわかるように、**お金を贈与する時には、手渡しよりも、銀行口座間でやり取りをするなどの証拠を残しておきましょう。**

POINT 40

妻の「へそくり」には、意外な相続税の落とし穴が！

専業主婦の「預金」には要注意

専業主婦の「預金」は
夫の相続財産とみなされることがある。

金額によっては、相続税がかかってくることも。

対策は「使い切る」「契約書を交わす」。

親御さん世代のご夫婦なら、奥さんが専業主婦という方も多いと思いますが専業主婦が多額の預金を持っている場合、気をつけていただきたいことがあります。

実は、**「妻の預金が夫の相続財産になることがある」**のです。それを知らず大変な目にあった人はたくさんいるのではないでしょうか。

大変な目にあうのは、往々にして相続税の調査の時です。**税務調査で税務署が見たがるのが、この「妻名義になっている夫の預金」＝通称「名義預金」**なのです。

夫から家計費をもらい、使い切れなかった分を妻名義の預金にため込んでいるような場合、この預金は夫の財産として相続税の対象になる、というのが税務署の考え方です。

この感覚、理解しがたいですよね。「がんばってやりくりして貯めた私の預金がなんで夫のものなのよ！」と文句を言いたいところですが、税務署はそうは思ってくれません。

普通の人は、妻名義の預金が夫の相続財産になるなんて思いもしませんから、税務調査で見つけ出せれば、追加財産とすることができるというわけです。

もちろん、妻が稼いだお金や妻の実家から相続でもらったものなど、妻本人のものであることが明確な分については、夫の財産になるようなことはありません。**問題になるのは、夫から渡された家計費などで使い切れずに残っている分です。**税務署としては、これは妻の名義になっているが、夫が稼いできた夫のお金であると考えるのです。

へそくりを妻の財産にするためには

これを夫の財産とみなされないようにする方法はあります。一番いいのは、夫から渡された家計費は使い切ってしまうこと。夫婦はお互いに扶養の義務がありますので、生活費をどちらが負担しても贈与などと言われることはありません。

夫からの高い生活費を使い切っても、ヨーロッパ一周旅行の数百万円を夫が負担していても、贈与と言われることはありません。とはいえ、妻も長い老後を考えると、もらった有り金を使い切ってしまうのは危険かもしれません。

それならば、しっかりと夫から「贈与」されたと明らかにしておきましょう。

生活費が余った分は、夫から妻にあげるという約束をして、それを証明するために契約書を作っておくのです。そして、もし年間110万円を超えたなら、贈与税の申告をします。こうしておけば、贈与の証拠が残せますから、へそくりは晴れて奥様のものというわけです。

POINT

41

株が暴落したら、「生前贈与」のチャンス到来!

生前贈与の、最も賢いやり方

「生前贈与」は現金でなく、株式でもできる。

贈与日と直近3か月の平均株価の一番安い株価で評価されるから暴落後が狙い目!

株の値上がり益や配当金も、贈与された人のものになるのでおトク!

贈与というと、「現金をあげる、もらう」というイメージを持っている方も多いと思いますが、現金以外のものでも、価値のあるものをもらえば贈与税の対象となります。

時々売れっ子ホステスさんが「お客様から高級バッグや高級腕時計、はたまたマンションをもらっちゃいました〜」などという自慢話をするのを耳にすることがありますが、そんな高価なものをもらったら紛れもなく贈与税を払わなければならないわけで、税務署の方もばっちり高い贈与税を徴収していただきたいと思います。と余談はさておき……。

現金以外でも、生前贈与はできる!

「生前贈与」は最も簡単で効果の高い相続税対策で、中でも**現金の贈与は、①手間がかからず ②費用もかからない ③価額もはっきりしている ④細かく贈与することができる** などの理由で一番簡単ではあります。

家や土地など不動産の贈与だと、名義変更するために所有権移転登記が必要で、そうなると手間もかかるし費用もかかります。また、不動産の価額をどう評価するのかを決めるのも大変ですし、切り刻んで分けることも難しいので、年間110万円の非課税枠の中におさめて贈与するのも大変です。

それに比べて「上場株」は、現金に比べれば、手間と費用はちょっぴりかかりますが、タイミングとやり方によっては、現金よりもトクになることがあります。

例えば株で110万円の非課税の範囲内で贈与する時に、A社の株が1株1100円から550円に暴落した場合、暴落前だと、1000株しか贈与できないところを、暴落後なら、2000株贈与できます。このように、**株の暴落時は「贈与のチャンス!」**なのです。

株の評価額は、過去3か月の終値平均の最も安いところになる

しかも、上場株式の評価額は、贈与をした日とその直近3か月の平均株価（月ごとの終値平均）の中から一番低い株価で評価することになっています（終値とは、その株の1日の最後の価格をいいます）。

過去の終値平均はすでにわかっているので、評価額が110万円以下になるよう計画的に銘

暴落時の贈与はこんなにトク！

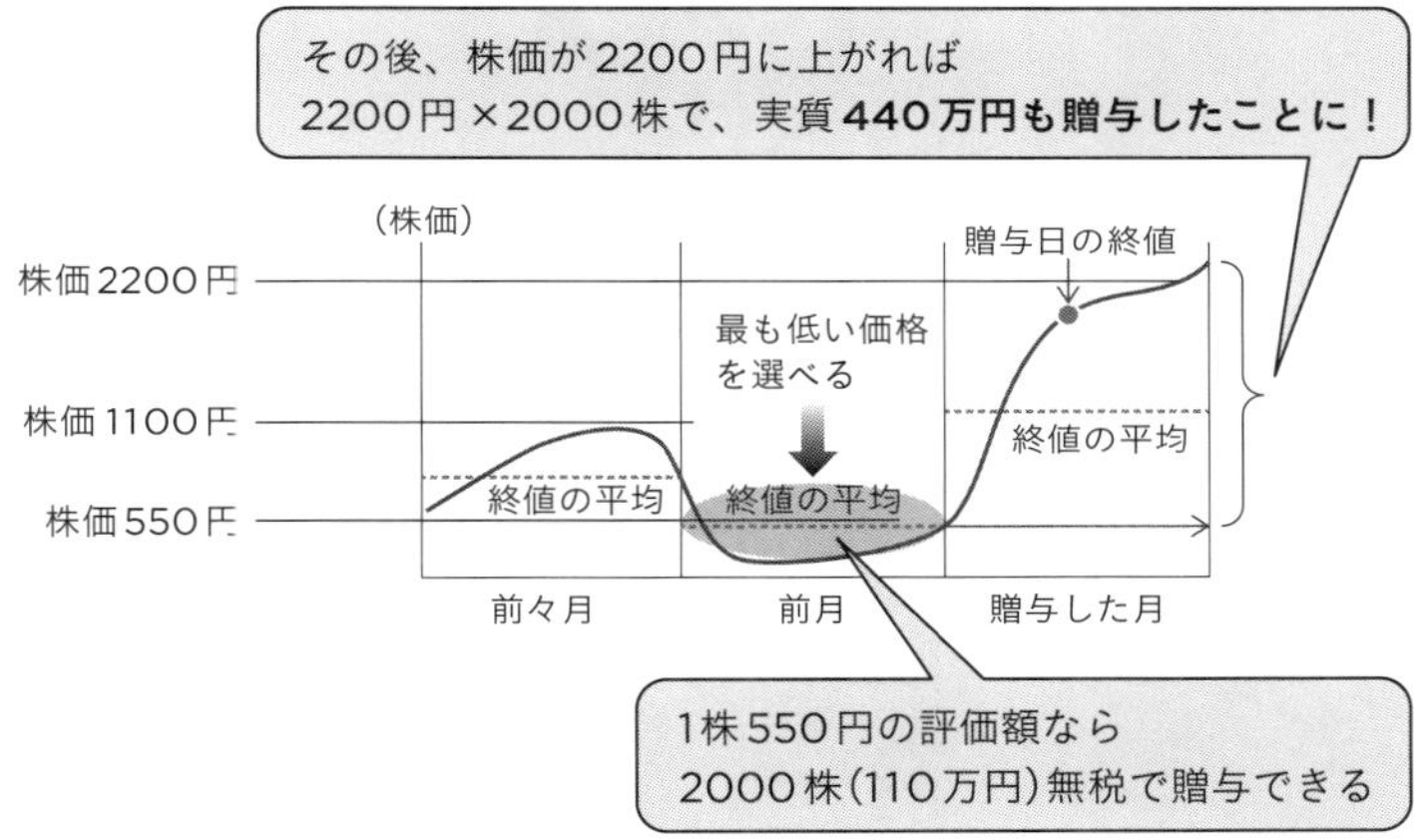

＊特定口座間の贈与には制約もあるので注意

柄を選んだり、贈与する株数を調整することもできます。また、**相場がいったん大きく下がる月があれば、その後に高値圏まで持ち直したとしても、翌々月までは低い評価の株価で贈与する**ことができるのです。

株の贈与をするには、贈与される側が、贈与する人と同じ証券会社に口座を持つ必要があります。

実際に贈与で株を動かすためには、営業マンかカスタマーセンターに連絡をして手続きをしてもらいます。通常、贈与をする時には、銘柄ごとに数千円の手数料（上限1万円程度）がかかりますので、詳しくは証券会社にお問い合わせください。

POINT

42

遺産を生命保険でもらうと数百万円のトク!

生命保険の非課税枠を最大限活用する方法

生命保険には、
相続人の数×500万円もの非課税枠がある。

生命保険は、
老後の資金が尽きそうになれば解約もできる。

誰を受取人にするかで、節税の効果が違ってくる。

ここまでの項目で、「生前贈与」について説明してきましたが、「生前贈与」をやりすぎると、老後資金が足りなくなるのではないかと不安に思う方がいます。

そこで、おすすめしたいのが、生命保険を使った相続税対策です。これは、「相続税がかかる人には必ず使ってもらいたい！」と断言できるほど簡単で効果も高い対策です。

やり方はとても簡単。**親御さんの普通預金や定期預金などに眠っているお金で、生命保険に加入してもらうだけ**。今は、90歳まで持病があっても入れる生命保険もあります。加入の仕方は、**終身保険の一括払い**です。

この方法が節税になる理由は、生命保険に相続税の非課税枠があるからです。非課税枠の額は相続人1人あたり500万円。仮にお父様の相続人が奥様と子ども2人の計3人という場合、1500万円までは生命保険を受け取っても相続税がかからないのです。

1500万円を普通預金からもらうのと、1500万円を保険金としてもらうのでは、もらう側としては1500万円の現金をもらえる点では同じ。でも、生命保険なら、非課税枠まで相続税がかかりません。相続税の税率は、10～55%ですから、**単純計算で150万～825万円の節税が可能になるということ**です。

生命保険であれば、親御さんが長生きして「老後資金が足りなくなった」というような時には解約することもできます。解約せずに相続を迎えれば相続税の節税に役立ちますし、「老後資金が足りなくなってきたからやっぱりあのお金を使いたい」と思えば、解約すればいいのです。その点、あげてしまうともう戻ってこない生前贈与よりも、融通がきくといえるでしょう（加入期間などによっては、解約返戻金［解約したときに戻ってくるお金］が支払った保険料を下回ることがありますので、その点は確認をしてみてください）。

ただし、**生命保険の非課税枠を受けられる人は法定相続人に限られます。**お嫁さんやお孫さんなど相続人以外の人が受け取る場合は、この非課税枠は使えません。相続人が受け取るのであれば、受け取り方は自由です。それぞれ500万円ずつ受け取ってもいいし、1人の人がまとめて受け取っても大丈夫です。

注意すべきなのは、**節税効果を最大限活用したいのであれば、受取人を配偶者（妻・夫）にしないことです。**もともと配偶者が受け取る財産は、少なくとも1億6000万円までは相続税がかからないので、非課税枠を使う意味があまりないからです。

生命保険を使った相続

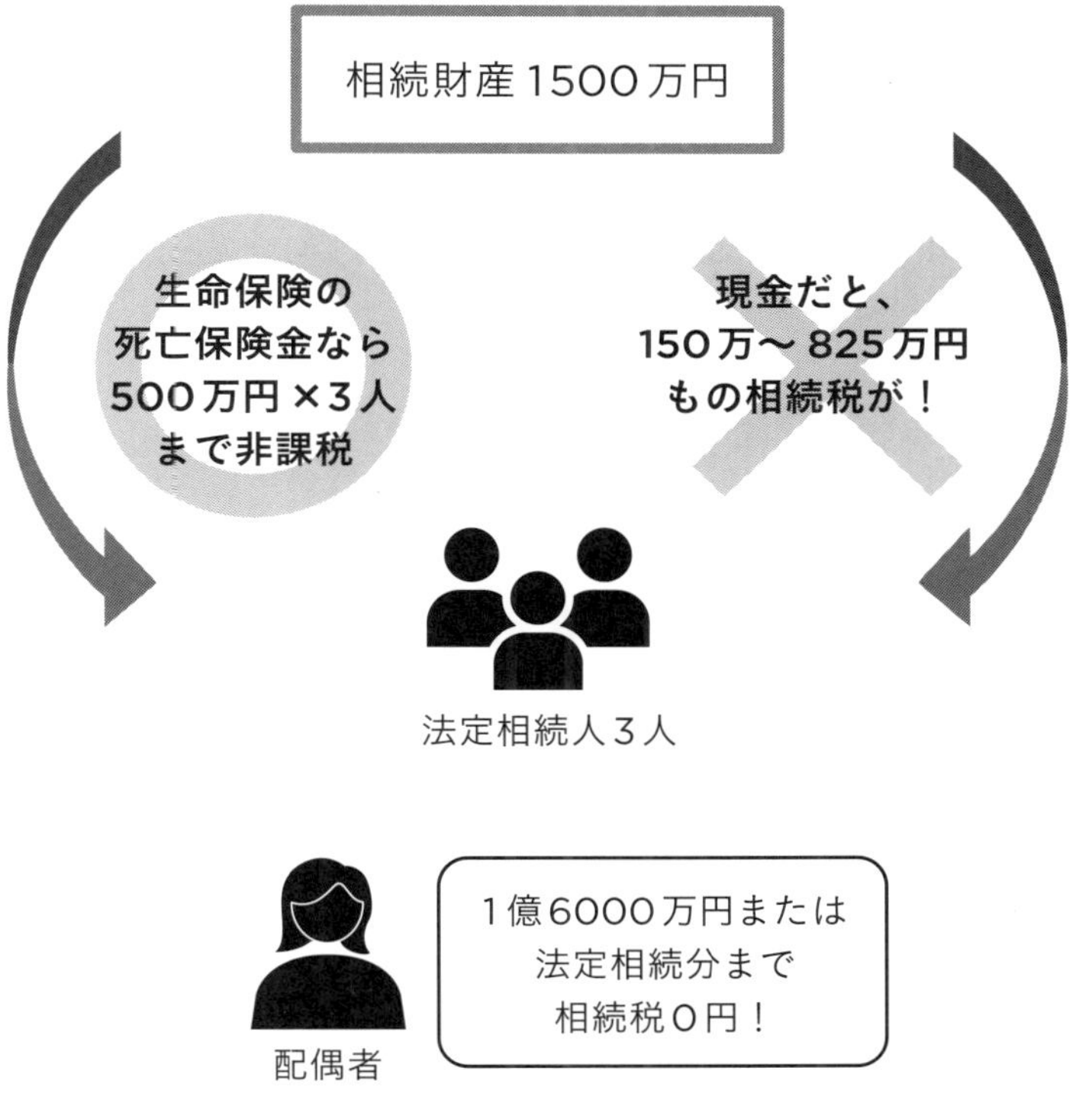
相続財産1500万円
生命保険の
死亡保険金なら
500万円×3人
まで非課税
現金だと、
150万～825万円
もの相続税が！
法定相続人3人
1億6000万円または
法定相続分まで
相続税0円！
配偶者

配偶者にはもともと大きな
非課税枠があるので、生命
保険の受取人は配偶者以外
の相続人がベスト！

POINT 43

親と同居すると、数百万～数千万円もの税金圧縮効果！

すごい節税効果を持つ特例だが、
様々な盲点があるので注意

- 親と同居すると、
自宅の土地評価額が8割引きになる特例がある。

- 特例が使えれば、
1億円の自宅土地が2000万円に評価額を減らせる。

- 二世帯住宅を区分所有にしてしまうと、
同居とはみなされないので注意！

小規模宅地等の特例が使える人

① **配偶者（夫・妻）**

② **同居をしている親族**

③ **①②がいない場合、別居している親族**
（過去3年間、自分や親族などの持ち家に住んでいない人に限る）

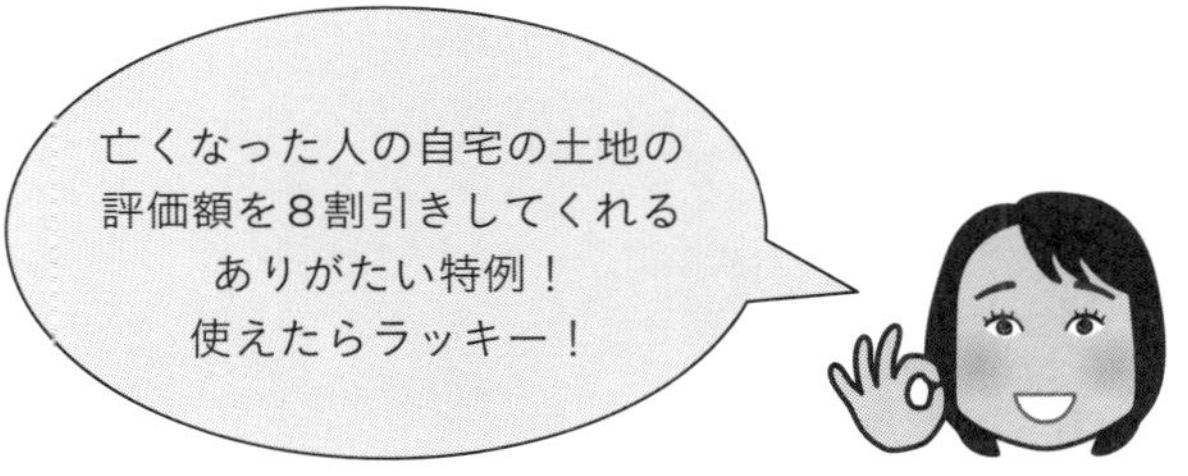

相続税には税金が安くなる特例がいくつかありますが、特に効果が大きいのが**「亡くなった人の自宅土地の評価額を8割引きにしてくれる」特例（小規模宅地等の特例）**です。割引になるのは、100坪（330㎡）まで。超えた部分は通常の評価額となります。この特例を利用すれば1億円の自宅土地が8割引きの2000万円になります。

8000万円も相続財産を減らすなんて、他の方法では簡単にできることではありません。この特例を利用できれば、相続税は百万単位もしくは何千万円と変わる可能性があり、相続税がかからなくなる人もたくさんいます。

この特例を受けられる人は上記の3パター

ンのどれかにあてはまる人です。

配偶者は、無条件で特例の対象となりますが、子どもは原則同居していないと特例の対象になりません。つまり、**親と同居すると相続税の節税になる**というわけです。

同居をしていなくても、なんとか特例を受けたいと「住民票だけ動かして同居していることにしたい」と相談に来る方がいますが、住民票をうつしたからといって、実際同居をしていなければこの特例を使うことはできません。同居をしていないのに「同居していた」と申告すればウソになります。ウソの申告をすると税務署は「仮装隠ぺいをしたな！」と重加算税という重いペナルティを科してきます。この重加算税は、追加になる税金の35%です。どうしても同居親族として特例を取りたいのであれば、本当に同居していただくしかないのです。

実際、**この特例の適用を受けるために、二世帯住宅などに建て替えて同居する方も増えている**といいます。しかし、ここで注意が必要です。

○ 二世帯住宅で同居する場合は登記方法に注意

二世帯住宅を建てた時の登記の仕方によっては、せっかく同居したのに、この特例が受けられなくなってしまうことがあります。具体的には、**親世帯と子世帯で家を区分登記してしまうと、同居しているとみなされなくなってしまいます。**

実際知らずに区分登記をして、特例を受けられなかった方もいます。せっかく二世帯住宅を建てて同居をしたのに、ちょっとしたうっかりで、税金がとんでもなく高くなってしまっては泣くに泣けません。

親と同居はできないが、特例を受けたいという場合、親が**ひとり暮らしだった場合に限り、特例を受けられる可能性**が出てきます。その場合は、**「子が自分の持ち家や親族の持ち家に過去3年以上住んでいないこと」**という条件が付いています。そのためにもし持ち家があっても転居して賃貸に住むという方もいますが、せっかく引っ越しても3年以内に相続がおきてしまうとこの特例は受けられなくなってしまいます。

相続税を安くすることはもちろん重要ですが、自宅は生活の基本です。二世帯住宅にした結果、親世帯と子世帯の関係が悪くなって結局は別居することになったり、二世帯住宅を建てたばかりに遺産分割が難しくなることもあります。どう暮らしたいのか、ということも十分考えて、冷静な判断をしていただければと思います。

特例による相続税の差

相続人2人の場合

特例が受けられないと……

相続税は500万円

相続税評価額

土地	5000万円
家	700万円
現金等	2500万円
	8200万円

特例が受けられると……

土地
5000万円×80%
＝▲4000万円評価額減

相続税は0円！

相続税評価額

土地	1000万円 （5000万円－4000万円）
家	700万円
現金等	2500万円
	4200万円

POINT

44

古い親の家は、令和5年までに売らないと600万円の損!?

相続から3年以内なので、
すでに相続した人は早めに決断を

昭和56年5月31日以前に建てられた家なら、
「空き家特例」が使える可能性。

儲けから3000万円が控除されるので
最大600万円おトク!

ちょっとした勘違いで、
特例を受けられないこともあるので準備が必要。

p175で、「自宅を売った時に儲けから3000万円控除してくれる特例」の話をしましたが、**相続で引き継いだ親の自宅を売った時にも同じく3000万円の控除が受けられる**制度(空き家特例)があります。この制度を使うと税金を最大600万円安くすることができます。

この制度が使えるのは、令和5年12月31日までに売却している場合です。いつか売ろうと思っている家ならば、この制度が利用できるうちに売却することをおすすめします。

●本来なら不動産を売った儲けには20%もの税金がかかる

おさらいになりますが、不動産を売って儲けが出た時には、所得税と住民税がかかります。儲けが出ていない時には税金はかかりません。ですから、儲けの出ない物件であれば、この制度に縛られる必要はありません。

不動産を売った時の儲けとは、ざっくりいえば買った金額と売った金額の差額です。3000万円の儲けが出たら、不動産を売った時の税率は所得税と住民税をあわせて20%なので、本来、3000万円×20%=600万円の税金を払うことになります。しかし、「空き家特例」を使えれば儲けから3000万円控除できますので、儲けはゼロ、税金もゼロになります。

空き家特例を受けられる家の条件

① 相続等で取得した昭和56年5月31日以前に建築された家屋であること。

② 区分所有登記されている建物でないこと。

③ 相続開始の直前において被相続人以外に居住をしていた人がいなかったこと。

④ 相続の時から譲渡の時まで事業用、貸付用、居住用に供されていないこと。

⑤ 売却代金が1億円以下であること。

空き家特例は、昭和56年5月31日以前に建てられた家だけに使える制度です。昔買った家は、貨幣価値の違いもあり、安く買っているケースも多く、儲けが出ることは珍しくありません。また、古すぎていくらで買ったかがわからないというケースも多々あります。そのような時には、**売った金額の5%で買ったこととする**、という決まりがあります。5000万円で売れた物件であれば、5000万円×5%＝250万円で買ったとみなすのです。

この場合の儲けは、5000万円　250万円＝4750万円。税金は4750万円×20%＝950万円です。とても高い税金になりますので、空き家特例が使えると税金の圧縮効果も高いです。

○こんな場合は「空き家特例」が受けられないので要注意

この特例は、空き家（亡くなった人の自宅）を相続した相続人が、家を取り壊した後（もしくは耐震リフォームをした後）にその敷地または家屋を売った場合、儲けから3000万円が控除されます。昭和56年以前の物件に限っているのは、新耐震基準が設けられたのが昭和56年だったため、それ以前の家は耐震基準を満たさず危険だからです。危険な家をそのまま売らず、取り壊したり、耐震リフォームをして売るなら、税金を安くしてあげるよ、ということなのです。

とはいえ、費用をかけて耐震リフォームしても、古い家は見合った金額で売れません。ですから実際は家屋を撤去して敷地のみを売却するケースがほとんどです。

冒頭にも書いた通り、この特例を受けるためには令和5年（2023年）12月31日までに売却する必要があります（改正等により期限が延長される可能性もあります）。また相続の日から3年を経過する日の属する年の12月31日までに売却しなければなりません。すでに相続を終えて親の家を引き継いでいる方は、急いだほうがよいでしょう。

さらに、空き家特例を受けるためには、クリアしなければならない条件があります。

①空き家を**相続する際は、家屋とその敷地をセットで取得**しなければいけない

②**売り主が家屋の取り壊しをして**買主に引き渡すこと

①は、この特例は「家」を持っている人が受けられる特例なので、**「土地」だけを相続した人は使えない**ということです（自分の自宅売却の時も同様です）。逆に家だけ相続した人なら使うことはできますが、古い家屋にはもともと価値がほとんどないので売っても儲けが出ず、特例を利用しても効果は期待できません。ですから、相続するなら土地と家をセットで取得しておかないと意味がないのです。

②にも気を付けてください。この特例を利用するなら、買主が取り壊すような売買契約を締結してはいけません。空き家特例を使うためには売り主が取り壊し費用を負担して引き渡し前に更地にすることが必要です。解体費用の請求書、領収書や取り壊し前と取り壊した後の自宅の写真、売買のチラシに「古家解体後引き渡し」と明記してもらうなど、**売り主が取り壊したことを証明できるようにしておく**ことも大切です。

POINT

45

「家族信託」で、親が元気なうちから財産を守る!

親の資産運用を子どもができるシステムで、
資産を無駄にしない

親が認知症や脳梗塞になると財産が凍結される。

財産が凍結されると「資産運用」ができなくなる。

「家族信託」を結んでおけば、
子が親の資産を運用できる。

人生100年時代では、親御さんが高齢で認知症や脳梗塞などになるケースも増えています。親の資産を守るには、相続だけでなくそういった場合の対処も考えておく必要があります。

50代の女性からこんなご相談を受けました。

「父が脳梗塞で倒れ、今入院しています。今後、施設に入るためにまとまったお金が必要なのですが、預金口座には全然お金がなくて……。そのかわり証券会社で投資信託をたくさん買っていたみたいなのです。証券会社に連絡して、投資信託を売ってお金を引き出したいと頼んだのですが、本人からの依頼じゃないと売買も引き出しもできないと言われてしまい、途方に暮れています。年寄りで判断能力もどんどん弱っていたことは、わかっていたのに。放っておいたらこんなことになってしまうんですね」

銀行や証券会社にあるお金を引き出したり、金融商品を解約したりするのは、本人でないとできません。亡くなった時に口座が凍結されるという話は、p235でもしましたが、**認知症や脳梗塞で意識がなくなった時なども、口座が凍結されてしまって動かせなくなる**のです。

幸いご相談者のお父さんは、頭はしっかりしていて、片言でお話もできたので、電話で証券会社の方に投資信託を解約して引き出したい旨、また今後その手続きは娘に任せたいことを伝えられ、なんとか現金を引き出すことができました。

実は、私自身も似たような経験があります。義理の父が脳梗塞で倒れ、父の財産を確認してみたら多額の投資信託を購入していました。ちょうど相場が崩れだした時だったので、今売却すべきだと思いましたが、父は話すことができず口座を動かすことができませんでした。結果、相場の悪化で投資信託の価額が下がっていくのを見ていることしかできませんでした。

○「家族信託」を結べば親の資産の運用を子どもができる

このように、認知症や脳梗塞などで本人の判断能力が低下すると資産が凍結されてしまい、**介護などに使える財産を持っているのに引き出すことができず、有効に使えていない高齢者はたくさんいる**のです。親が80代になったら、親だけで資産管理をすることは難しくなってきます。親の資産を子どもが守るということを、親が元気なうちから考えてほしいと思います。

こういった時に使えるのが「家族信託」という制度です。**家族信託とは、家族に自分の資産の管理や運用を任せるもの**です。「家族信託」は次の3者で成り立ちます。

家族信託の仕組みを利用した親の資産運用

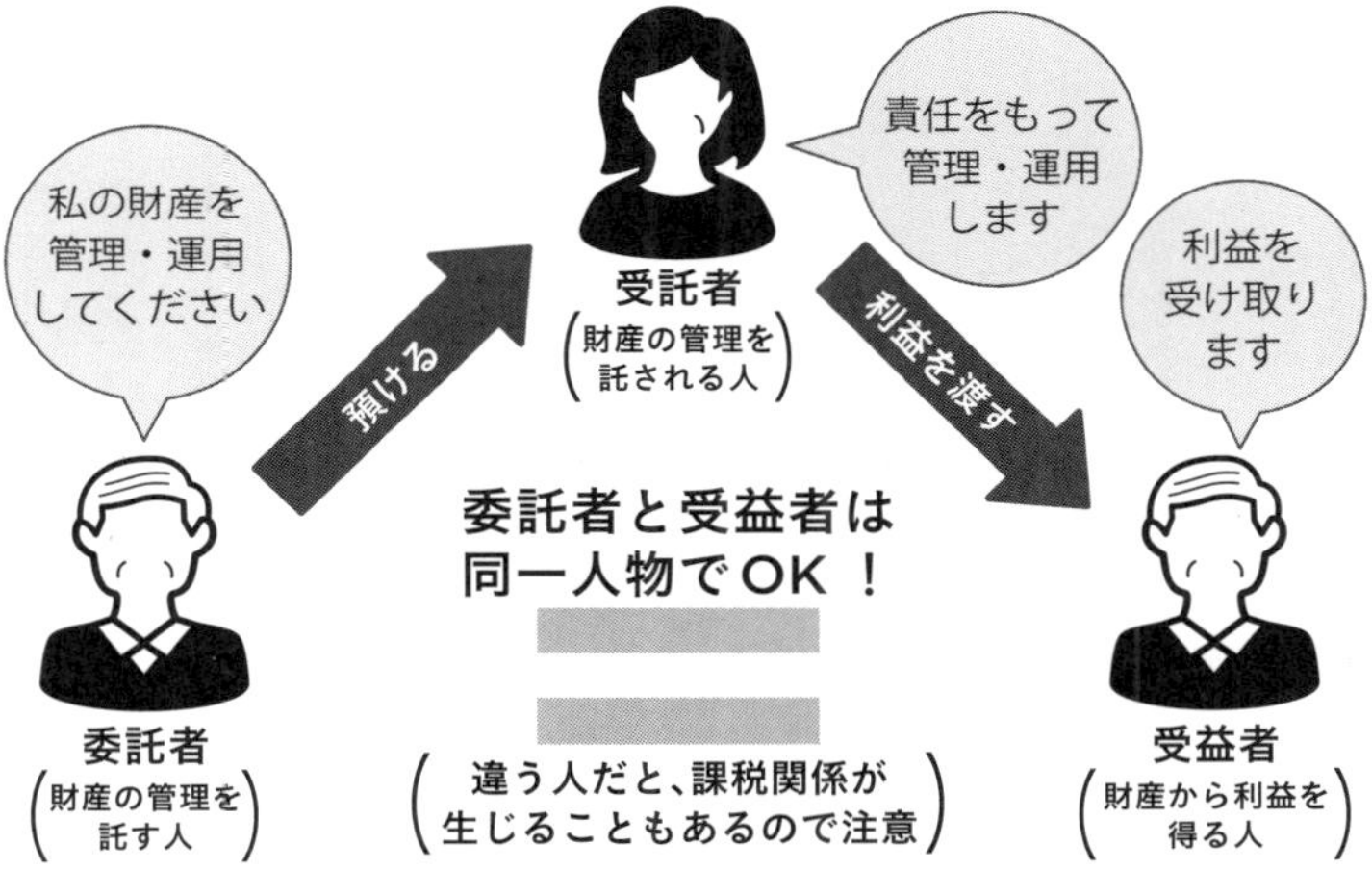

・**「委託者」**財産の管理を託す人
・**「受託者」**頼まれた財産の管理を託される人
・**「受益者」**信託された財産から利益を受ける人

「委託者」と「受益者」は同じ人で構いません。

たとえば、**父（委託者）の証券口座の運営管理を、息子（受託者）に託して、その証券口座からの売買益や配当などの利益は父（受益者）が受け取るという信託契約**を結べば、父親が認知症などになっても、息子の判断で証券の売買などをすることができるというわけです。

信託する財産は選択することができます。もともとは預金や実家、不動産などで使われることが多かったのですが、最近は親が株や投資信託など証券会社で取引をしており、上場株式や投資信託を管理できるようにしたいという人が増えてきているといいます。

似たような制度に「任意後見制度」があります。これは、親が元気なうちに財産を管理する「後見人」を決めておく制度です。**「任意後見制度」では、親のための預金の出し入れはできますが、財産は裁判所の管理下に置かれます。**「任意後見制度」は、本人（親）の財産を守ることが目的なので、財産を自由に売買することはできません。売却するためには、たとえば、「親が介護施設に入るため」などの理由が必要で、家庭裁判所の許可が必要になります。「今が売り時だから」などという理由で売買することは、難しいのです。

一方「家族信託」なら、契約で定められた範囲内で自由に財産の運用や売却ができます。また、財産を相続する人を指定することもでき、上手に利用できれば効果の高い制度です。

ただし、制度自体が少々複雑で、設定の仕方を間違えると大きな税金がかかってくるなどのリスクもあります。興味がある方は専門家に相談してほしいと思います。

定年前後のお金のカレンダー

退職する年に向けて準備しておくこと、
退職直前や退職の時にやるべきこと、
その後起こることなどを、
時系列で簡単にまとめました。
定年前後をイメージするのに
役立ててください。

定年前後のお金のカレンダー

時期	50代～定年退職までの準備期間
雇用保険	●同じ会社に再雇用、別の会社に転職、引退、起業など退職後の働き方を検討。（P88～）
健康保険	
年金	●ねんきん定期便などで見込み額や間違いがないかをチェック。（P60～） ●ねんきんネットにも登録しておく。（P60～） ●59歳の誕生日に送られてくるねんきん定期便は封書で細かいので特に念入りに確認！（P60～）
税金	●会社にいるうちに節税できることはないか考える。（P81～、P118～） ●退職後、独立起業も視野にいれるなら、そのための活動費用の領収書はとっておく。（P130～）
退職金、資産管理など	●早期退職制度も含め会社の退職金制度について確認する。（P14～） ●老後資金の計画を立て、いつまで働くのかを検討する。（P16～） ●退職日を決める。（P22～） ●生命保険、医療保険などを見直す。（P199～、217～）

定年退職時	定年直前期（定年退職半年前～1か月前頃まで）
●会社から雇用保険被保険者証を受け取る。	●給与明細などを保管する。 ●離職票・雇用保険被保険者証の受け取り手続きなどについて会社に事前確認。
●会社に健康保険証を返却（コピーを取っておくのを忘れずに！）。	●退職後にどの健康保険に入るのか検討。手続きも要確認。（P188～）
●会社から年金手帳を受け取る。	
●未納分の住民税などの精算方法を確認（最後の給与か退職金で精算が多い）。	●退職の年と翌年の住民税の支払い方法について会社に確認。
●会社から退職金と「退職所得の源泉徴収票」を受け取る（送付の場合もあり）。	●退職金の受け取り方を検討する。（P26～） ●会社に「退職所得の受給に関する申告書」を提出。

時期	定年退職後～65歳頃まで
雇用保険	●会社から離職票が送られてくる。 ●失業手当を受給するならハローワークで求職の申し込みを行い、失業認定日ごとにハローワークへ。（P90～） ●職業訓練を受ける、再就職が決まる、再就職先で給料大幅ダウンなどがあれば、それに応じた給付金をもらう。（P90～）
健康保険	●新しく入る保険に応じた手続きをする。任意継続なら退職の翌日から20日以内、国民健康保険なら退職翌日から14日以内、家族の扶養に入るなら、被扶養者になった日から5日以内。（P188～） ●2年目も任意継続を続けるか、国民健康保険に変えるか検討。変えない場合は、2年間の期間終了後に国民健康保険に加入手続き。（P188～）
年金	●60歳未満で辞めて転職していない場合は、国民年金加入の手続きをする。また配偶者が60歳未満の場合も、国民年金加入の手続きをする。 ●老齢年金の繰り上げ、繰り下げを検討。繰り上げる場合は手続きを行う。（P66～） ●配偶者の年金にも注意する。（P75～）
税金	●会社から給与所得の源泉徴収票が送られてくる。 ●起業して青色申告するつもりなら、事業開始後、2か月以内に「所得税の青色申告承認申請書」を出しておく。（P124～） ●住民税の納入通知書が送られてくる。 ●退職翌年は確定申告を行う。（P36～、P222～）
退職金、資産管理など	●企業年金、確定拠出型年金などの請求手続きを行う。（P30～） ●退職金の預け先、運用方法を検討する。（P40～） ●親からの相続対策について事前に話し合っておく。（P228～）

	65歳以降
●60歳以降も会社員として働く場合は手取りが少なくならないように注意。（P99～）	●65歳以降に退職し、高年齢求職者給付金を貰う場合はハローワークに申し込み。（P105～）
	●介護保険の第一号被保険者になる。介護保険被保険者証が送られてくる。 ●70歳で高齢受給者証が交付される。 ●75歳から後期高齢者医療制度に移行。
●特別支給の老齢年金がもらえる場合は、受給手続きを行う。	●老齢年金の請求手続きを行う（65歳以前でもらう場合もあり）。 ●年金証書と年金決定通知書が送付される。偶数月に2か月分の年金が振り込まれるようになる。 ●「公的年金受給者の扶養親族等申告書」が毎年9月頃送られてくる。
●以降も控除などがあれば毎年確定申告を行う。個人事業主になった場合は青色申告を行う。（P118～）	●年金受給後、毎年1月頃に年金の源泉徴収票が送付される。 ●年金の金額が年400万円以下で確定申告不要でも、申告をすると還付される可能性大。
●今の住居にずっと住むのか、住まいをどうするのか話し合う。（P156～）	●要介護状態になったらどうするか、終の棲家をどうするのか検討。（P181～）

おわりに――定年後はお金の知識がモノを言う

「お金のことを知って手取りを増やす」ということを考えたことはありますか？

「退職金の受け取り方で一時金と年金の割合を決めろと言われて、よくわからないから半分ずつにしようと思っているけど、板倉さんどう思う？」と、ある会社の役員の方からご相談を受けたことがあります。私が試算をして結果をご報告すると、「聞いてよかった。こんなに手取りが違うんだ。面倒くさいから、テキトーに決めちゃうところだった」と言ってくださいました。

そうなんです。仕事で忙しいビジネスマンは、お金のことを考えるのは、面倒くさいのです。「お金は稼ぐもの」。現役時代は皆さんそう思っているのではないでしょうか。

でも、定年後はそうはいきません。お給料の高い人のほうが、手にするお金も多かったのが現役時代だとしたら、定年後は「お金の知識」がモノを言うようになります。
定年後は、「お金のことを知って手取りを増やす」ことが重要になってくるのです。

同じ金額の退職金をもらっても、同じように会社を辞めて再就職するにしても、ちょっとした「お金の知識の差」で、手にできる金額が変わってくるのに、それを知らないで損をしている人はたくさんいると思います。相談に来る方のお話を聞いていても「なんてもったいないことを！」「もっと早く相談に来てくれれば」と思うことが多々あります。

私は損をするのが嫌いで、損しないためにいろいろ調べたり、工夫したりするのが大好きです。この本は、定年退職前後のお金について「私だったらこうするのに、もっと手取りが増えたのに」と思うことを書いた本です。これから定年退職を迎える方に「あのとき、こうしていたらよかった」という後悔をしないでいただきたい、という思いで書きました。この本が少しでも皆様の手取りを増やすことに役立つことができれば、こんなにうれしいことはありません。

2020年10月

板倉　京

［著者］
板倉京（いたくら・みやこ）
シニアマネーコンサルタント・税理士・ＩＦＡ
保険会社勤務の後、いったん専業主婦になるも、一念発起して、税理士資格を取得。大手会計事務所、財産コンサルティング会社勤務などを経て、2005年に税理士事務所を開業。女性税理士の組織、株式会社ウーマン・タックス代表、資産コンサルティング会社である株式会社WTパートナーズ代表を務める。相続や資産運用に詳しい税理士として、シニアのクライアントを多く抱え、年間100人以上の相談を受ける。また、一児の母でもあり、実生活に根差した視点とわかりやすい解説から、テレビや雑誌などでも人気。「あさイチ」、「大下容子ワイド！スクランブル」などのテレビ出演や、全国での講演も多い。著書に「夫に読ませたくない相続の教科書」（文春新書）、「税理士がアドバイスする!!　相続手続で困らないエンディングノート」（ぎょうせい）などがある。

知らないと大損する！
定年前後のお金の正解
——会社も役所も教えてくれない 手取りを増やす45のコツ

2020年10月20日　第１刷発行
2021年11月15日　第７刷発行

著　者——板倉京
発行所——ダイヤモンド社
〒150-8409　東京都渋谷区神宮前6-12-17
https://www.diamond.co.jp/
電話／03·5778·7233（編集）　03·5778·7240（販売）

ブックデザイン-小口翔平＋喜來詩織（tobufune）
イラスト——acco
校正————鷗来堂
ＤＴＰ———エヴリ・シンク
製作進行——ダイヤモンド・グラフィック社
印刷————信毎書籍印刷（本文）・ベクトル印刷（カバー）
製本————ベクトル印刷
編集担当——井上敬子

ISBN 978-4-478-11044-7